서울대 행복연구센터의 행복 리포트

대한민국 행복 지도 2025

서울대학교 행복연구센터 지음

21세기북스

Intro

행복은 상승했지만,
사라진 주말 효과와 증폭된 스트레스

2024년은 코로나 팬데믹에서 완전히 벗어난 첫해였다. 모든 방역 조치가 '권고'로 전환되면서, 비로소 진정한 의미의 '엔데믹'을 맞이하게 된 것이다. 따라서 4년 3개월 만에 코로나 졸업을 맞이한 국민들의 행복 수준 역시 예전 수준으로 회복되었을 것이라고 예상해볼 수 있다. 반면 연말에 발생한 비상계엄 사태와 대통령 탄핵 소추로 인해 증폭된 사회적 분열과 갈등이 심각한 정신적 스트레스로 작동하면서 대한민국의 행복 수준을 현저하게 떨어트렸을 것이라고 예상해볼 수 있다. 이런 상반된 예상을 염두에 두고 2024년 대한민국의 행복을 분석한 결과, 다음과 같은 몇 가지 특징을 발견할 수 있었다.

- **행복 수준의 지속적 상승:** 엔데믹 첫해인 2024년의 행복 수준은 높게 나타났다. 2023년의 수준을 넘어섰을 뿐 아니라, 서울대 행복연구센터와 카카오같이가치가 대한민국 국민의 행복을 매일 측정한 이래 가장 높은 수준을 기록했다.
- **어린이날의 회복:** 어린이날은 대한민국 행복 수준의 바로미터 중 하나로, 매년 가장 행복한 날 상위권에 머물러왔다. 그러나 2022년과 2023년에는 각각 191위, 146위로 크게 하락했으나, 2024년에는 다시 3위로 올라 회복세를 보였다.
- **사라진 주말 효과:** 주중보다 주말에 더 높은 행복을 보이는 주말 효과가 사라졌다. 이른바 월요병은 여전히 존재했지만, 화요일부터 목요일까지 비교적 높은 수준의 행복이 관찰되었으나, 오히려 주말에 행복이 감소하는 이상 패턴을 보였다. 2024년에는 예년보다 많은 주중 공휴일이 존재했고, 이로 인해 평일의 행복이 증가한 것이 이유 중 하나로 추측된다.
- **힘든 토요일을 보낸 여성:** 사라진 주말 효과는 젊은 여성들의 행복에 더 치명적으로 작용했다. 특히 젊은 여성의 토요일 행복 수준이 주중의 어느 요

일보다도 낮았으며, 심지어 월요일보다도 낮게 나타났다. 주말 동안 이들에게는 삶의 의미와 즐거움은 실종된 반면, 스트레스와 불안은 증폭되었다.
- **파리 하계 올림픽과 행복:** 2024년 7월 27일부터 8월 12일까지 진행된 파리 하계 올림픽 기간 동안 대한민국은 역대급 성적을 기록했다. 그 결과 올림픽 기간 동안 행복 수준은 7월 전체 평균보다 높게 나타났다. 7월 초 발생한 여러 사회적 사건으로 행복 수준이 낮아진 가운데, 파리 하계 올림픽은 즐거움 회복에 일정 부분 기여한 것으로 보인다.
- **비상계엄과 탄핵:** 2024년 가장 큰 사회적 이슈 중 하나는 비상계엄과 대통령 탄핵 소추였다. 2024년 12월 3일 비상계엄이 선포된 이후 중요한 사건들(국회 탄핵 부결, 탄핵 가결 등)의 전개에 따라, 사람들의 불안, 우울, 그리고 짜증 수준이 급변했다. 계엄과 탄핵으로 인한 국민들의 정신적 손실이 적지 않았음을 의미한다.
- **다시 찾아온 스트레스:** 행복이 증가한 가운데, 지난해 감소세를 보였던 스트레스는 다시 상승했다. 전반적인 행복 수준이 높아졌음에도 불구하고, 스트레스 수준은 증가하는 양상이 나타났다. 국민의 약 절반이 7점 이상(10점 만점)의 스트레스를 경험했으며, 감당하기 어려운 최고 수준의 스트레스를 경험한 비율도 10.9%에 달해, 여전히 스트레스 강국임을 확인할 수 있었다.
- **여전히 행복한 세종시:** 2018년 조사 이래 세종시의 행복 수준은 이번에도 전국 최고 수준이었다. 충청도의 행복 수준이 가장 하위권으로 나타나 특별한 관심이 필요함을 알 수 있었다.

카카오같이가치 자료가 수집되기 시작한 2018년부터 2024년까지의 행복 데이터를 토대로 행복의 변화 양상을 체계적으로 분석했다. 국내외적으로 규모 면에서나 기간 면에서 유례가 없을 정도로 광범위한 분석이다. 이를 통해 지난 한 해 동안 국민의 행복이 어떻게 변했고, 어떤 연령대에서 변화가 심했는지, 어느 지역에서 변동이 심했는지 등 심층적인 결과를 얻을 수 있었다. 국민 정신건강의 변동에 관심 있는 학자, 정부 관계자 및 일반인 모두에게 매우 유용한 자료가 될 것이다.

그뿐만 아니라, 대한민국 사람들의 성격을 체계적으로 측정한 데이터를 통해 성격과 행복의 관계를 살펴보았고, 국민 스스로가 자신의 계층을 어떻게 지각하고 있는지와 행복의 관계도 살펴보았다. 정서적 안정성이 높은 사람, 외향적인 사람, 성실한 사람들의 행복이 높았고 스스로 지각하는 계층 수준이 높을수록 역시 행복 수준이 높았다.

행복한 사람들은 기부, 봉사, 도움과 같은 이타적 행동을 더 많이 하는 것으로 분석되었다. 행복이 자기만을 위한 활동보다는 타인과 공동체를 위한 활동에서 비롯된다는 점을 확인할 수 있었다.

마지막으로, 국민들이 하루의 일상을 어떻게 보내는지도 분석했다. 혼자 집에서 즐기는 여가, 사람들과의 만남을 통한 여가, 자기계발 활동, 소비 기반 여가로 구분하여 각 활동의 정도와 행복을 비교한 결과, 행복한 사람들은 그렇지 않은 사람들에 비해 사람들과의 만남, 자기계발, 그리고 소비 기반 여가를 열심히 하는 것으로 나타났다. 다시 말해, 이들은 소극적이기보다 적극적인 여가(active leisure), 그리고 신체 활동을 수반하는 여가를 더 즐기는 것으로 나타났다.

결론적으로 2024년은 일상이 온전히 회복되면서 국민들의 평균적인 행복 수준이 예전보다 더 상승한 해였다. 동시에 사회 불안에 따른 정서 변화와 스트레스 심화 등 우리 사회가 해결해야 할 숙제를 남긴 해였다.

대한민국 행복지도가 우리에게 알려주는 것들

기존 행복 조사

1회적으로 행복을 측정한다
일회성으로 행복을 측정할 경우, '누가' 행복한지는 알 수 있어도 '언제' 행복한지는 알 수 없다.

1,000명의 행복 데이터
유엔의 행복 조사에는 각국에서 15세 이상 약 1,000명이 참가한다. 이를 연령별 (20, 30, 40, 50, 60대 이상)로 나눈다면 각 연령별 응답자가 200명인 셈이고, 이를 다시 남녀로 구분하면 연령별·성별 응답자는 각각 100명밖에 되지 않는다.

서울대×카카오같이가치 행복 조사

1
365일 24시간 행복을 측정한다
안녕지수 측정은 365일 24시간 내내 온라인상에서 이뤄지기 때문에 기존 조사의 한계를 극복할 수 있다.

2
49만 건의 행복 데이터
2024년 한 해 동안 총 34만 499명이 안녕지수에 응답했으며, 한 사람이 1회 이상 응답할 수 있었기 때문에 응답 건수 기준으로는 총 49만 86건의 행복 데이터가 수집됐다.

3
개개인의 심리적 특성을 고려한 분석
안녕지수는 각 개인의 심리적 특성들을 함께 조사함으로써 개인의 심리적 특성이 행복감에 주는 영향도 분석했다.

4
행복에 관한 '특별한 질문'에 답을 찾다
안녕지수를 통해 경제 지표와 정치 사회 여론조사만으로는 결코 알 수 없었던 '행복'에 관한 대한민국의 진짜 마음 지표를 그릴 수 있게 됐다.

대국민 행복 측정 프로젝트

서울대학교 행복연구센터 × 카카오같이가치
안녕지수 프로젝트 소개

2008년 2월, 당시 프랑스 대통령이었던 사르코지는 3명의 경제학자에게 특명을 내린다. 2001년 노벨 경제학상 수상자인 미국 컬럼비아대학의 조지프 스티글리츠(Joseph Stiglitz) 교수, 1998년 노벨 경제학상 수상자인 미국 하버드대학의 아마르티아 센(Amartya Sen) 교수, 그리고 자국 파리정치대학의 장 폴 피투시(Jean Paul Fitoussi) 교수에게 다음의 질문들에 답을 찾는 미션을 부여한 것이다.

- 사회가 번영하고 있는지를 판단할 수 있는 최적의 통계치는 무엇일까?
- GDP만으로 사회의 번영을 측정할 수 있을까?
- GDP를 보완할 수 있는 새로운 측정치로는 무엇이 좋을까?

스티글리츠, 센, 피투시 교수가 주축이 된 '경제 성과와 사회적 진보 측정 위원회(이하 사르코지위원회)'가 내놓은 답은 다음과 같다.

첫째, 생산에서 웰빙으로 관심을 옮겨야 한다.
둘째, GDP만으로는 번영의 참된 모습을 측정할 수 없다.
셋째, 국민의 주관적 행복을 측정해야 한다.

생산에서 웰빙으로! 국가 정책 기조의 근본적인 전환을 촉구한 것이다. 사르코지위원회는 가장 중요한 첫걸음으로 국민들의 주관적 행복을 측정할 것을 권고했다.

인류는 지금까지 인류에게 중요하다고 생각하는 것들을 측정해왔다. 먹고사는 문제가 중요하기 때문에 우리는 생산과 소비, 고용과 분배에 관한 것들을 측정했다. 또한 인간의 지적 능력이 중요하다고 생각했기 때문에 IQ라는 개념을 만들고 측정했다. 건강도 예외가 아니다. 콜레스테롤지수, 간기능지수, 체질량지수 등이 이미 우리의 일상적인 용어가 된 지 오래다. 이렇게 만들어진 경제지수, IQ, 그리고 건강지수는 날이 갈수록 더 중요해지고 있다.

무언가를 측정한다는 것은 우리 사회가 그것을 중요하게 생각하고 있음을 의미한다. 동시에 앞으로 더 중요하게 간주하겠다는 의지의 표현이기도 하다. 서울대학교 행복연구센터와 카카오같이가치가 측정하고 있는 '안녕지수'는 이 두 가지 의미에 잘 부합한다.

객관적인 삶의 조건도 중요하지만, 그런 삶의 조건에 반응하는 우리의 마음도 중요하다. 이는 객관적인 경제 상황만큼 소비자가 실제 느끼는 '체감 경기'가 중요하고, 물리적인 온도만큼 '체감 온도'가 중요한 것과도 같다. 그동안 우리는 객관적인 삶의 여건들만을 집중적으로 측정해왔다. 이제는 우리의 마음을, 우리의 행복을 '안녕지수'라는 이름으로 측정하고자 한다.

대한민국 매일매일의 안녕을 측정하다

유엔의 「세계행복보고서」를 비롯한 기존의 행복 측정치들은 중요한 한계점을 지니고 있다. 바로 '실시간으로 안녕을 측정하지 못하고 있다'는 점이다. 유엔 세계 행복지수는 1년에 단 한 번 측정한다. 그러다 보니 매일매일의 삶에 반응하는 우리 마음의 변화를 민감하게 알아낼 수가 없다. 뿐만 아니라 조사에 동원되는 사람들의 수도 많지 않다. 유엔 행복 조사는 각 나라에서 15세 이상 성인 1,000여 명만을 대상으로 진행한다.

이런 한계를 극복하기 위해서는 다수의 사람이 실시간으로 자신의 안녕을 보고할 수 있는 플랫폼이 필요하다.

이에 서울대학교 행복연구센터는 카카오같이가치팀과 뜻을 모아 2017년 9월부터 지금까지 한국인들의 행복을 실시간으로 측정해오고 있다. 서울대학교 행복연구센터가 개발한 '안녕지수' 측정치는 카카오같이가치 마음날씨 플랫폼(together.kakao.com/hello)에 탑재돼 있어서 이용자들이 원할 때 언제든지 자유롭게 참여할 수 있다. 뿐만 아니라 행복과 관련된 다양한 심리 검사들을 무료로 제공하고 있다.

2024년 12월 31일까지 7년 4개월여간 약 500만 명 이상의 한국인들이 한 번 이상 안녕지수 테스트에 참여했고, 누적 건수로는 약 1,170만 건 이상의 데이터가 축적됐다. 한국에서뿐만 아니라 전 세계적으로도 이와 같이 방대한 규모의 데이터는 찾아보기 힘들다. 우리는 이 방대한 자료를 분석해 한국인들의 행복을 체계적으로 분석하고자 한다.

세계 최초, 최대 규모의 '대국민 실시간 행복 연구'

안녕지수의 특별함은 단순히 응답자가 많다는 데 있지 않다. 안녕지수는 카카오같이가치 마음날씨의 온라인 플랫폼을 활용하고 있기 때문에 사람들이 원하는 시간과 장소에서, 하루에도 몇 번이고 자신의 마음 상태를 실시간으로 자유롭게 측정할 수 있다는 강점이 있다.

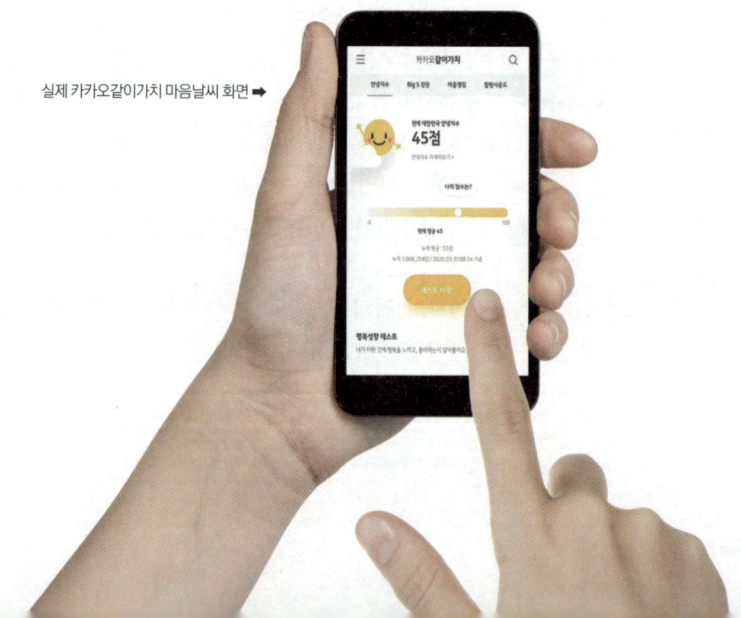

실제 카카오같이가치 마음날씨 화면

2002년 노벨 경제학상을 받은 심리학자 대니얼 카너먼(Daniel Kahneman)은 우리 안에 서로 다른 자아들, 즉 '기억하는 자아(remembering self)'와 '경험하는 자아(experiencing self)'가 존재한다고 이야기한다. 사람들은 자신이 기억하는 나와 실제 행동하는 내가 같은 모습이라고 믿지만, 실제로 이 둘 간에는 상당한 괴리가 존재한다. 행복 역시 과거 '기억'에 의존된 행복과 실제 '경험'되는 행복은 다르다.

안녕지수는 "당신은 지금 얼마나 행복합니까?"라고 묻는다. 안녕지수는 사람들의 '지금 이 순간'에 관심을 가지고 있다. 전반적인, 평균적인 행복이 아니라 '지금 이 순간'에 느끼고 있는 만족감, 의미, 스트레스를 측정하는 것을 목표로 한다.

안녕지수가 우리에게 가르쳐줄 수 있는 것들

이를 통해 우리는 주가지수처럼 매일매일의 안녕지수를 얻을 수 있다. 또한 우리의 안녕이 중요한 국가적 사건이나 날씨와 같은 외적인 변수들에 의해 어떻게 변하는지도 민감하게 알아낼 수 있다. 지역별, 연령별, 성별, 요일별, 시간대별 안녕의 차이도 알아낼 수 있다. 무엇보다 매년 방대한 데이터가 축적됨으로써 우리 사회의 특징과 변동을 '안녕'이라는 창문을 통해서 들여다볼 수 있다.

안녕이라는 키워드를 이용해 우리나라의 지도를 다시 그려보게 될 것이다. 지역별 행복지도, 연령별 행복지도를 상상해보자. 이런 지도들이 삶의 중요한 대화의 소재가 될수록 우리 사회는 우리의 마음과 안녕에 더 귀 기울이게 될 것이다.

안녕지수 데이터는 시간이 지날수록 더욱더 빛을 발할 것이다. 안녕지수 조사에 지속적으로 참여하는 사람들이 늘어나면서, 한 개인 내부에서 일어나는 심리 상태의 변화를 추적하는 것이 가능해질 것이다.

청소년에서 성인, 성인에서 중년이 되면서 사람들의 행복은 어떻게 달라지는지, 그리고 한국 사회의 변화와 함께 사람들의 행복은 어떠한 모습으로 바뀌는지를 살펴볼 수 있는 귀중한 자료가 돼줄 것이다. 장기적으로 안녕지수에 관한 데이터 구축은 한국 사회와 한국인의 마음을 이해하는 소중한 국가적 유산을 남기는 일이 될 것이다.

Contents

Intro 행복은 상승했지만, 사라진 주말 효과와 증폭된 스트레스   002

Part 01 당신은 지금 얼마나 행복한가요?
날짜·연령·성별·지역별로 살펴본 대한민국 행복지도   013

안녕지수 측정 방법 행복을 어떻게 측정할 수 있을까?   015
안녕지수 프로젝트에 참가한 사람들은 누구였을까?   019
사람들은 언제 안녕지수에 응답했을까?   022

Keyword 1 2024년 대한민국, 안녕하셨나요?   027
2024년 대한민국의 행복

Keyword 2 2024년 행복 달력   041
요일별 안녕지수와 가장 행복했던 날 베스트 5

Keyword 3 누가 가장 행복했을까?   051
연령과 성별에 따른 안녕지수

Keyword 4 어떤 지역이 가장 행복했을까?   069
대한민국 지역별 안녕지수

Part 02 빅 이벤트는 우리의 행복에 어떤 영향을 미쳤을까?
사회적 사건과 안녕지수 — 075

Part 03 2024년 한국인의 속마음
빅데이터로 찾아낸 대한민국의 숨은 마음들 — 097

1 한국인의 성격이 궁금하다: Big5로 알아본 한국인의 성격 — 099
    01 개방성 — 105
    02 성실성 — 107
    03 외향성 — 109
    04 우호성 — 111
    05 신경증적 성향 — 113

2 행복은 사회적 계층을 따라 올라갈까? — 123

3-1 미래를 바라보는 관점, 오늘의 행복을 바꾸다 — 135

3-2 집단주의와 개인주의: 초점이 다른 2가지 가치관 — 143

3-3 행복한 사람은 공감할 줄 알고, 나눌 줄 안다 — 155

3-4 행복한 사람은 혼자서도, 함께 있을 때도 잘 지낸다 — 165

부록   2024년 안녕지수 상세 정보 — 172
참고문헌 — 178

Part
01

당신은 지금 얼마나 행복한가요?
날짜·연령·성별·지역별로 본 대한민국 행복지도

Korea Happiness Report

KOREA HAPPINESS REPORT 2025

Happiness in 2024

대한민국 행복지도 2025

안녕지수 측정 방법

행복을 어떻게 측정할 수 있을까?

서울대학교 행복연구센터는 카카오 같이가치 팀과 뜻을 모아 2017년 9월부터 지금까지 한국인들의 마음 상태를 측정해오고 있다. 서울대학교 행복연구센터가 개발한 행복 측정치인 '안녕지수'는 카카오 마음날씨 플랫폼에서 365일 24시간 언제든지 자유롭게 측정해볼 수 있다. 지난 7년 4개월간 약 500만 명 이상의 사람들이 한 번 이상 안녕지수 측정에 참여했고, 누적 건수로는 약 1,170만 건 이상의 데이터가 축적됐다. 그런데 눈에 보이지도 않고 증명할 수도 없는 '행복'이라는 마음을 과연 어떻게 측정했을까? 안녕지수가 사용한 행복 측정 방법을 살펴보자.

행복을 측정하는 방법

행복을 측정하는 가장 확실한 방법은 사람들에게 직접 물어보는 것이다. 개인 소득 같은 객관적인 지표와 타인의 평가에 의해서가 아니라 자신의 주관적 잣대로 스스로의 삶을 평가하는 것이 행복의 핵심이기 때문이다. 그래서 심리학에서는 행복을 주관적 안녕감(subjective well-being)이라고 부르기도 한다.

전통적으로 행복은 크게 쾌락주의적 행복관(hedonism)과 자기실현적 행복관(eudaimonism)으로 정의해왔다. 행복과 즐거움을 추구하는 기존의 쾌락주의적 관점에서 행복을 보다 폭넓게 정의한 것이 주관적 안녕감이다.

주관적 안녕감의 주요 요인은 삶에 대한 만족감과 감정 밸런스이며, 본인의 삶에 대해 만족감이 높고 긍정정서를 자주, 많이 경험하는 반면에 부정정서는 상대적으로 적게 경험할 때 행복 수준이 높다고 정의한다.

이와는 대조적으로 자기실현적 관점에서의 행복은 자신이 가진 잠재성의 충족과 발휘를 뜻하는 자기실현으로 정의된다. 인간은 만족스럽고 즐거운 삶, 그 이상을 추구하는 존재다.

아리스토텔레스는 진정으로 행복한 삶이란 쾌(快)를 넘어 선(善)과 덕(德)이 있는 삶, 즉 의미와 목적이 있는 삶이라고 이야기했다. 자기 성장, 삶의 의미와 목적을 행복의 중요 요소로 보는 심리적 안녕감(psychological well-being) 같은 접근을 자기실현적 행복관이라고 한다.

	안녕지수 측정 문항	
1	당신은 지금 당신의 삶에 얼마나 만족합니까?	삶에 대한 만족감
2	당신은 지금 얼마나 의미 있는 삶을 살고 있다고 느낍니까?	인생에서 경험하는 의미
3	당신은 지금 얼마나 스트레스를 받고 있습니까?	스트레스
4	당신은 지금 얼마나 행복합니까?	감정적 경험
5	당신은 지금 지루한 감정을 얼마나 느끼고 있습니까?	감정적 경험
6	당신은 지금 짜증 나는 감정을 얼마나 느끼고 있습니까?	감정적 경험
7	당신은 지금 즐거운 감정을 얼마나 느끼고 있습니까?	감정적 경험
8	당신은 지금 평안한 감정을 얼마나 느끼고 있습니까?	감정적 경험
9	당신은 지금 우울한 감정을 얼마나 느끼고 있습니까?	감정적 경험
10	당신은 지금 불안한 감정을 얼마나 느끼고 있습니까?	감정적 경험

실제 안녕지수 측정 화면 ➡

행복을 측정하는 10가지 질문

서울대학교 행복연구센터는 이와 같은 행복 연구의 전통과 최근 연구의 흐름을 두루 반영해 행복의 다양한 의미를 최대한 담아낸 안녕지수를 만들었다. 안녕지수는 개인의 삶의 만족감, 정서 상태, 삶의 의미와 스트레스를 묻는 총 10개 문항으로 구성돼 있다.

응답자들은 모든 질문에 대해 0부터 10까지의 11점 척도상에서 응답했으며, 이는 유엔 「세계행복보고서」와 OECD의 삶의 만족도 측정에 사용된 척도와 일치한다. 안녕지수 총점은 부정적 심리 경험 점수(스트레스, 지루함, 짜증, 우울, 불안)를 역코딩한 총 10개 항목의 합으로 산출한다. 결과적으로 안녕지수가 높으면 행복감이 높은 것으로 해석한다.

안녕지수 하위 지표

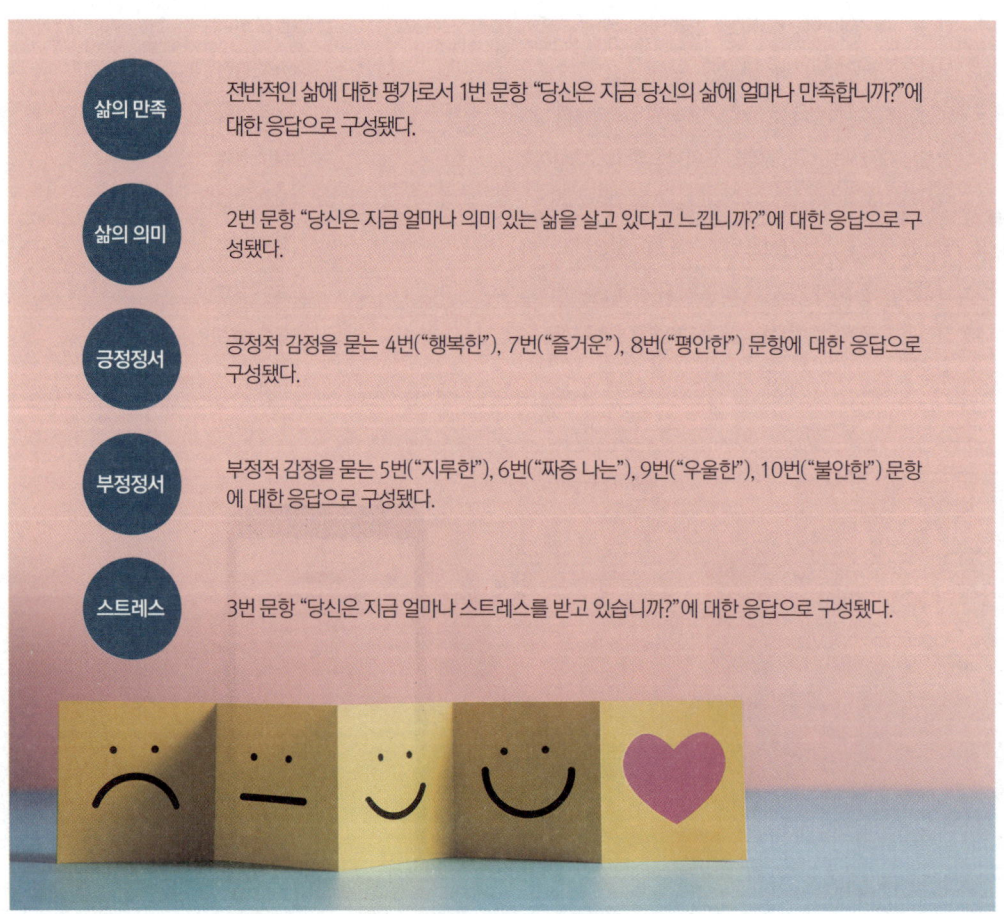

삶의 만족: 전반적인 삶에 대한 평가로서 1번 문항 "당신은 지금 당신의 삶에 얼마나 만족합니까?"에 대한 응답으로 구성됐다.

삶의 의미: 2번 문항 "당신은 지금 얼마나 의미 있는 삶을 살고 있다고 느낍니까?"에 대한 응답으로 구성됐다.

긍정정서: 긍정적 감정을 묻는 4번("행복한"), 7번("즐거운"), 8번("평안한") 문항에 대한 응답으로 구성됐다.

부정정서: 부정적 감정을 묻는 5번("지루한"), 6번("짜증 나는"), 9번("우울한"), 10번("불안한") 문항에 대한 응답으로 구성됐다.

스트레스: 3번 문항 "당신은 지금 얼마나 스트레스를 받고 있습니까?"에 대한 응답으로 구성됐다.

안녕지수 프로젝트에
참가한 사람들은 누구였을까?

안녕지수 프로젝트의 성별·연령별·지역별 응답자 분포 정보

전체 응답자 응답 건수

성별 비율
(단위: 명)

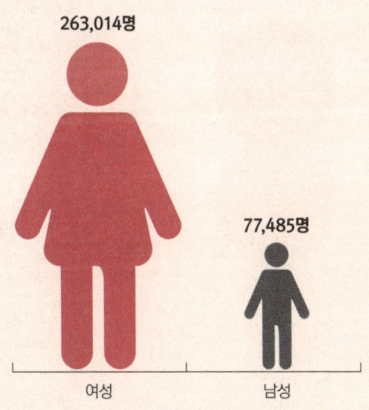

2024년 한 해 동안 총 34만 499명이 안녕지수 조사에 참여했다. 한 사람이 1회 이상 조사에 참여할 수 있었기 때문에 응답 건수로는 49만 86건의 응답이 수집됐다. 하루 평균 1,242명이 참여했고, 1,339건의 응답이 수집됐다.
2024년의 경우, 이전 해와 마찬가지로 여성 응답자(26만 3,014명, 77.2%)의 수가 남성 응답자(7만 7,485명, 22.8%) 수보다 약 3.39배 더 많았다. 비록 남성 응답자가 여성 응답자보다 적었지만, 남성 응답자의 수도 약 7.7만 명에 달했기 때문에 남녀 표본 수의 차이가 분석 결과에 지대한 영향을 미칠 가능성은 거의 없다고 볼 수 있다.

연령별 비율

연령대별로 참가자를 살펴 보면, 30대 참여자가 7만 8,621명(23.09%)으로 가장 많았다. 20대도 7만 128명(20.60%)에 달했다. 20~30대 응답자에 비해 다른 연령, 특히 60대 이상의 참여 비율(5.07%)이 낮아서 표본 대표성에 대한 우려가 있을 수 있으나, 60대 이상도 1만 7,275명이나 참여했기 때문에, 그 어느 행복 조사보다 다양한 연령 폭의 응답자들을 충분히 확보했다고 할 수 있다. 특히 유엔 「세계행복보고서」가 각 나라에서 1,000명 내외의 사람들을 대상으로 수집한 결과에 기초하고 있다는 점에서 안녕지수 조사의 표본 대표성에는 큰 무리가 없다고 볼 수 있다.

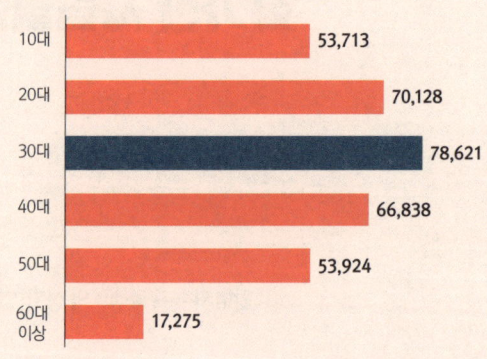

(단위: 명)

- 10대: 53,713
- 20대: 70,128
- 30대: 78,621
- 40대: 66,838
- 50대: 53,924
- 60대 이상: 17,275

지역별 분포

이전과 마찬가지로 서울과 경기, 인천 등 수도권 지역 사람들이 가장 많이 참여했다(58.10%). 지역별로 응답자 수에 차이가 있긴 하지만, 대한민국 전체 인구에서 각 지역 인구가 차지하는 비율을 전반적으로 고려하면(그림 참조) 안녕지수 조사에 참여한 사람들은 전국에 걸쳐 대체로 고르게 분포되어 있다고 볼 수 있다. 한편 주민등록인구 현황에 비춰봤을 때(2025년 1월 기준), 카카오 안녕지수에 응답한 사람 중 서울특별시에 거주하는 사람들의 비율이 다소 많은 것을 볼 수 있다. 따라서 지역별 행복 차이를 분석할 때 해석에 주의해야 할 필요가 있다.

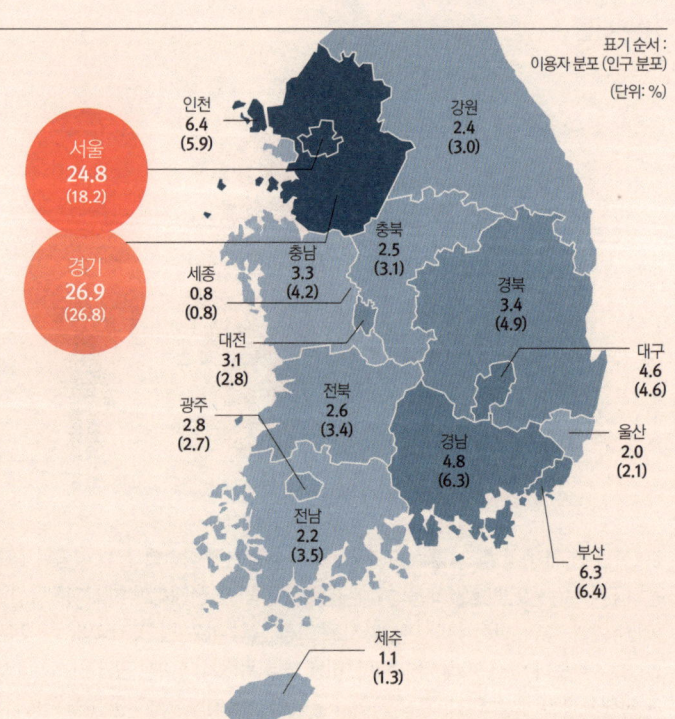

표기 순서: 이용자 분포 (인구 분포)
(단위: %)

- 서울 24.8 (18.2)
- 경기 26.9 (26.8)
- 인천 6.4 (5.9)
- 강원 2.4 (3.0)
- 세종 0.8 (0.8)
- 충남 3.3 (4.2)
- 충북 2.5 (3.1)
- 경북 3.4 (4.9)
- 대전 3.1 (2.8)
- 대구 4.6 (4.6)
- 광주 2.8 (2.7)
- 전북 2.6 (3.4)
- 경남 4.8 (6.3)
- 울산 2.0 (2.1)
- 전남 2.2 (3.5)
- 부산 6.3 (6.4)
- 제주 1.1 (1.3)

응답 횟수별 응답자 수

표기 순서 :
응답 비율 (응답자 수)

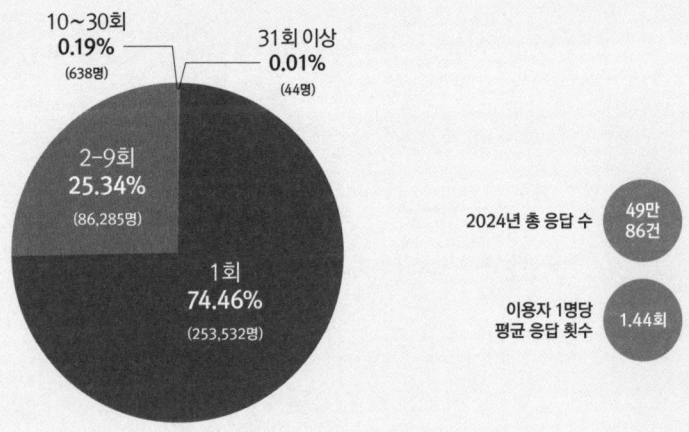

- 10~30회 **0.19%** (638명)
- 31회 이상 **0.01%** (44명)
- 2-9회 **25.34%** (86,285명)
- 1회 **74.46%** (253,532명)

2024년 총 응답 수: 49만 86건
이용자 1명당 평균 응답 횟수: 1.44회

성별×연령별 평균 응답 횟수

(단위: 회)

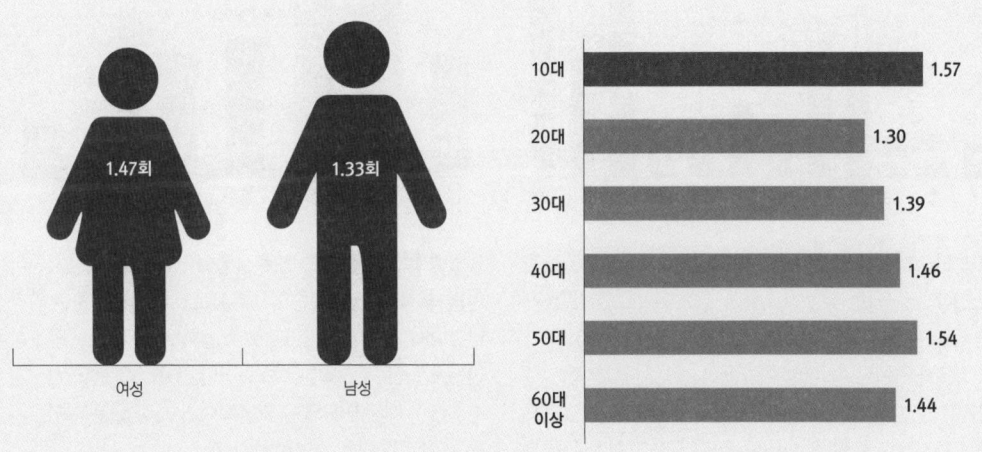

여성 1.47회 / 남성 1.33회

- 10대 1.57
- 20대 1.30
- 30대 1.39
- 40대 1.46
- 50대 1.54
- 60대 이상 1.44

전체 이용자의 99.80%는 2024년 한 해 동안 최소 1회에서 많게는 9회까지 안녕지수에 응답했다. 안녕지수에 10회 이상 응답한 이용자는 638명으로 전체 중 0.19%를 차지했다. 이용자 1명당 평균 응답 횟수는 1.44회였다. 10대의 평균 응답 건수가 1.57회로 가장 높았고, 2023년과 달리 남성(평균 1.33회)보다 여성(평균 1.47회)의 평균 응답 건수가 많았다. 2024년 최다 응답자는 전라남도 해남군에 거주하는 만 19세 남성으로 1년 동안 무려 138번 안녕지수 조사에 응답했다.

사람들은 언제 안녕지수에 응답했을까?

안녕지수 프로젝트의 월별·요일별·시간대별 참여자 정보

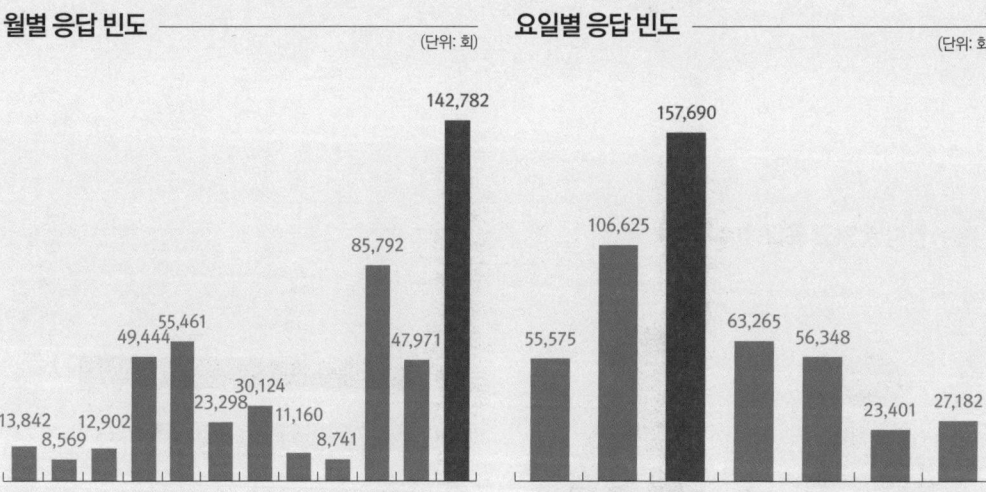

월별 응답 빈도 (단위: 회)

1월 13,842 / 2월 8,569 / 3월 12,902 / 4월 49,444 / 5월 55,461 / 6월 23,298 / 7월 30,124 / 8월 11,160 / 9월 8,741 / 10월 85,792 / 11월 47,971 / 12월 142,782

요일별 응답 빈도 (단위: 회)

월 55,575 / 화 106,625 / 수 157,690 / 목 63,265 / 금 56,348 / 토 23,401 / 일 27,182

월별 안녕지수 응답 건수를 보면 12월이 14만 2,782회(29.13%)로 가장 많았고, 2월이 8,569회(1.75%)로 가장 적었다. 월별 응답 건수에서 차이가 있는 데는 여러 가지 이유가 있지만, 그중에서도 새로운 심리 검사를 탑재해 응답자들의 참여를 유도하는 안내(푸시 알람)를 보냈는지가 중요하게 작동했다. 차이는 있으나 가장 적게 응답한 달도 8,000건을 초과했기 때문에 월별 응답 건수의 차이가 전체 결과에 미치는 영향은 크지 않다.

요일별 응답 횟수를 보면 수요일에 가장 많은 이용자들이 안녕지수에 응답했고(32.18%), 토요일이 응답률이 가장 낮았다(4.77%). 마찬가지로 요일별로 응답 건수에서 차이는 있지만 각 요일별로 최소 2만 건 이상의 응답 건수가 수집됐기 때문에 요일별 안녕지수의 차이를 분석하는 데는 큰 무리가 없을 것으로 보인다.

시간대별 응답 빈도

(단위: 건)

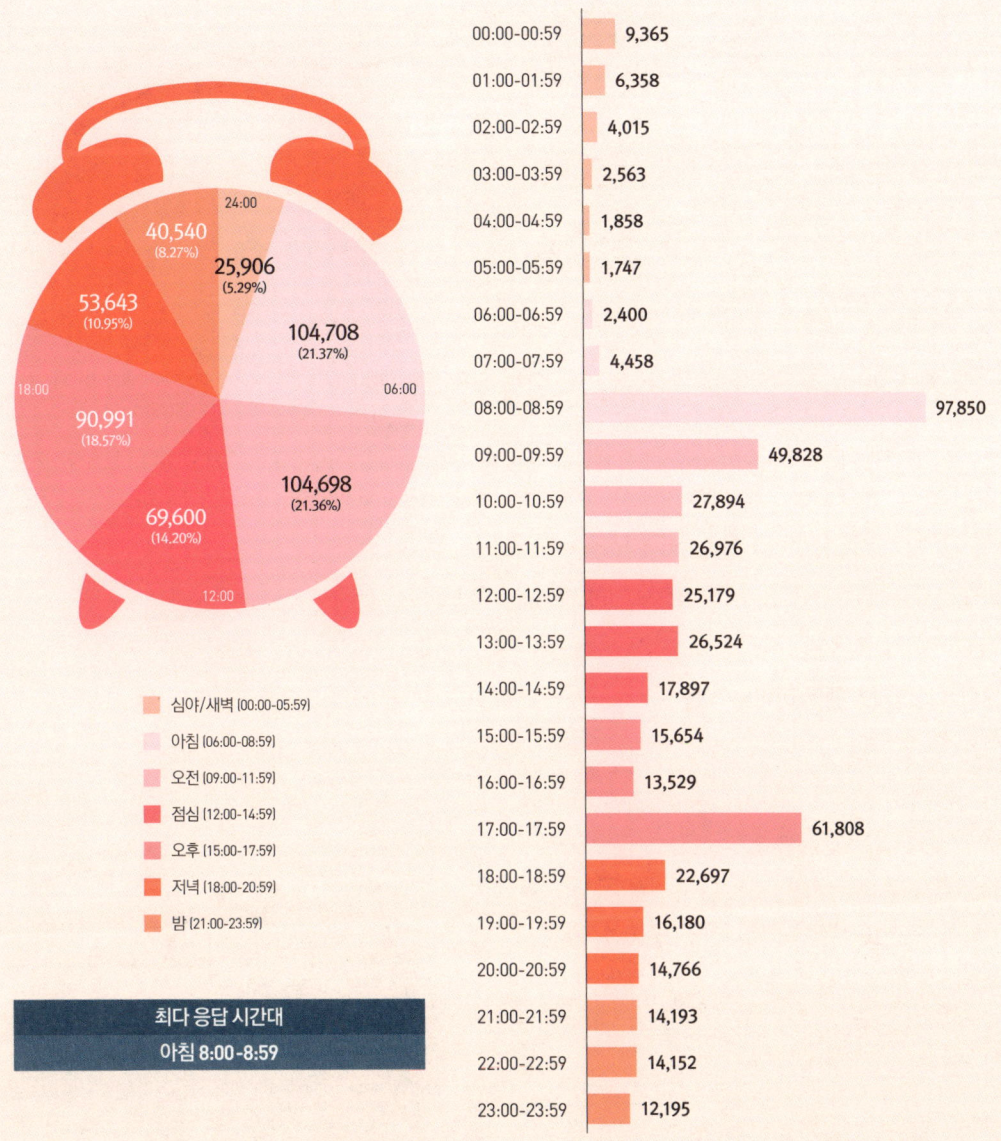

최다 응답 시간대
아침 8:00-8:59

하루 중 안녕지수 응답이 가장 빈번했던 시간대는 아침(21.37%)과 오전(21.36%)이었고, 심야/새벽(5.29%)이 가장 낮았다. 1시간 단위로 나누어 보았을 때에는 아침 8시~8시 59분이 97,850회(19.97%)로 가장 높은 응답률을 보였다. 사람들이 설문에 응답하기 가장 편안한 시간이 아침과 오전 시간대임을 추측할 수 있다.

시간대별 안녕지수

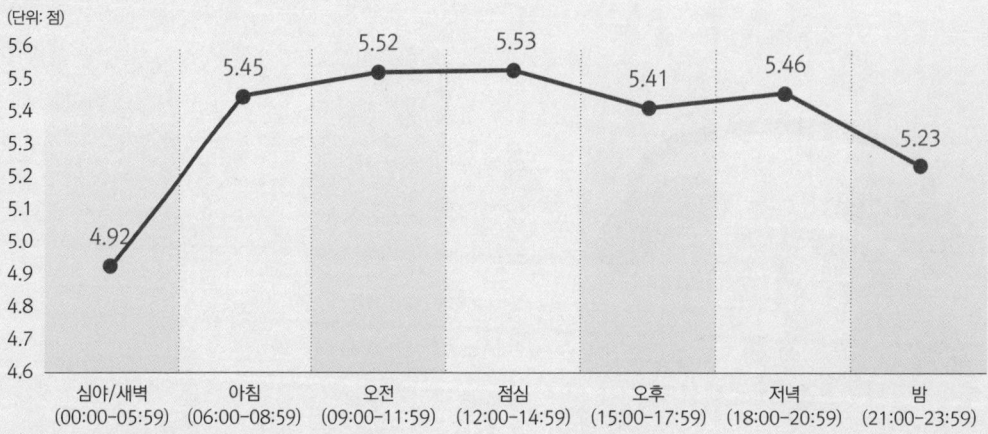

하루 일과를 7개 시간대로 나누어 안녕지수를 비교한 결과, 심야/새벽의 안녕지수가 4.92점으로 여타 시간대에 비해 크게 낮았다. 이러한 양상은 2019년과 2020년, 2022년, 그리고 지난해 2023년에도 관찰된 것으로 심야/새벽 시간 동안 사람들의 행복이 가장 취약함을 알 수 있다.

요일×시간대별 행복 바이오 리듬

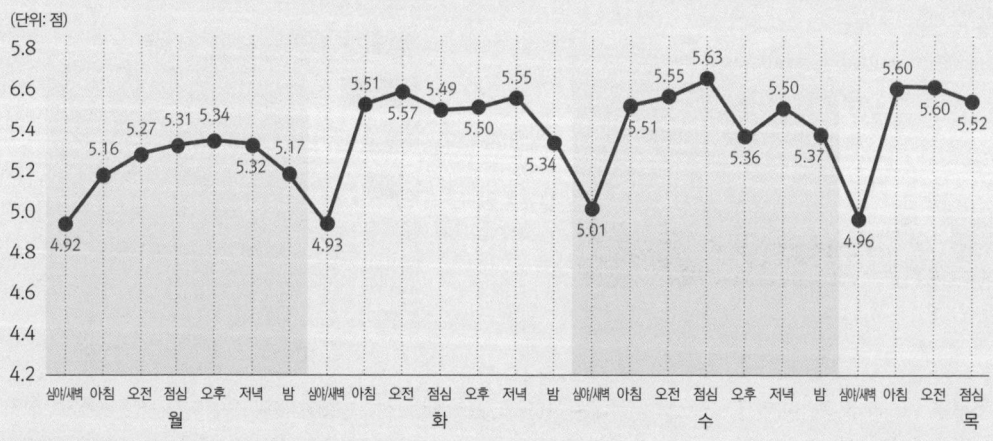

일주일 동안 시간대로 사람들의 안녕지수 값을 평균 내어 일주일 동안의 행복 바이오 리듬을 분석했다. 분석 결과, 모든 요일에서 심야/새벽 시간에 행복감이 떨어지고 아침을 지나 점심 무렵까지 대체로 행복감이 상승하는 양상을 보였다. 일주일 중에 행복 수준이 가장 높을 때는 수요일 점심 시간대(5.63점)이고, 가장 낮은 시점은 토요일 심야/새벽 시간대(4.81점)였다. 심야/새벽 시간대를 제외하고 일주일 중 가장 행복감이 낮을 때는 금요일 밤으로 안녕지수가 4.94점에 불과했다. 일주일의 피로가 몰려오는 금요일 밤 시간대는 충분한 휴식과 자신만의 소확행 활동을 통해 행복감을 끌어올릴 필요가 있다.

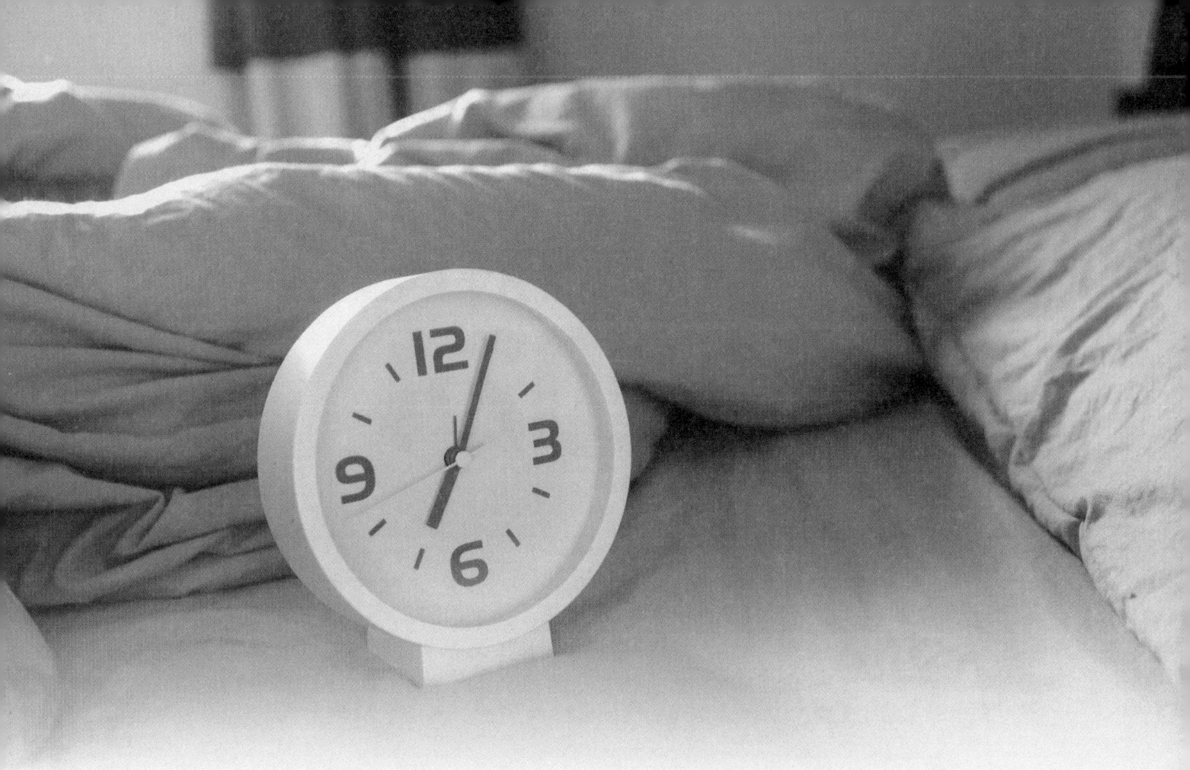

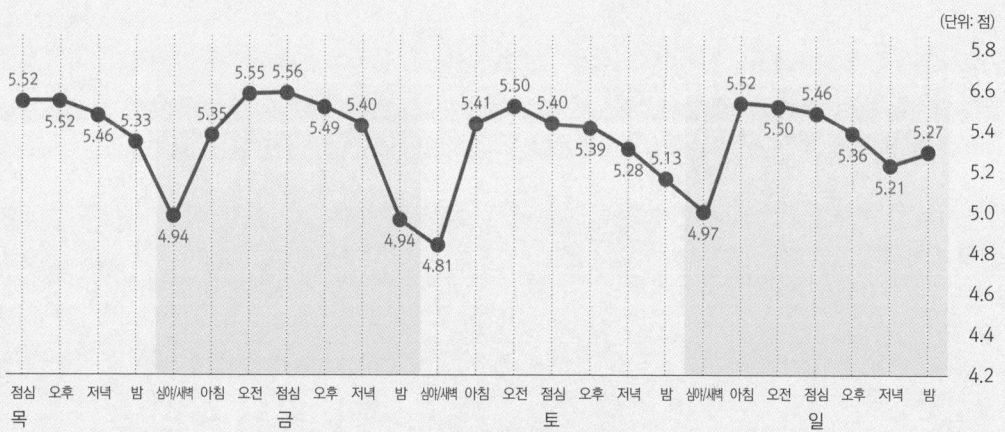

How to measure Happiness 025

KOREA HAPPINESS REPORT 2025

Happiness in 2024

대한민국 행복지도 2025

Keyword 1

2024년 대한민국, 안녕하셨나요?

2024년 대한민국의 행복

2020년 3월 팬데믹(pandemic)이 선언되고 3년 4개월 만인 2023년 5월 7일 코로나 비상사태가 종료됐다. 엔데믹 이후 사람들의 일상은 점차 회복됐다. 일상의 회복과 함께 사람들의 심리적 안녕감도 회복됐을까? 2024년 대한민국의 행복은 어떤 모습인지 살펴보았다.

엔데믹을 맞이한 지 약 1년 후인 2024년 5월 1일, 질병관리청은 코로나 위기 단계를 '경계(3단계)'에서 가장 낮은 경보 단계인 '관심(1단계)'으로 낮추었다. 국내에서 코로나 첫 확진자가 발생한 이후 1,563일 만이다. 2020년 1월 20일부터 2023년 8월 30일까지 코로나 바이러스 감염으로 이한 누적 사망자는 3만 5,605명이었고, 확진자는 3,457만 2,554명으로 대한민국 사람 3명 중 2명이 감염됐다(질병관리청, 2023).

엔데믹과 함께 일상으로의 회복이 시작됐다. 코로나 기간 동안 위축됐던 여행 산업이 특히 빠르게 회복됐다. 엔데믹이 이전인 2019년 한 해 동안 해외를 여행한 사람은 2,871만여 명이었다. 그러나 2020년 코로나 바이러스가 유행하기 시작하면서 해외 여행객 수는 85% 감소한 427만 6,006명에 그쳤으며, 이러한 추세는 2021년 (122만 2,541명), 2022년(655만 4,031명)까지 지속됐다. 엔데믹이 선언된 2023년에는 2,271만 5,841명으로 2022년 대비 약 246% 증가했다. 엔데믹 선언 다음 해인 2024년에는 2,868만 6,435명으로, 2023년 대비 26.3% 더 많은 사람들이 해외여행을 즐겼다(한국관광공사, 2025).

> 엔데믹과 함께
> 일상으로의 회복이
> 시작됐다.
> 코로나 기간 동안
> 위축됐던 여행 산업이
> 특히 빠르게
> 회복됐다.

엔데믹 선언 이후 첫해, 일상의 회복만큼 대한민국 사람들의 행복도 회복됐을까?

코로나 기간 동안 움츠러들었던 문화여가 활동도 조금씩 기지개를 켜기 시작했다. 2021년 평균 1.4회에 불과했던 문화예술행사 관람 횟수가 2022년 2.2회, 2023년 2.5회로 증가했으며, 2024년에는 2.6회로 지속적으로 증가했다. 관람 빈도의 증가 추세와 함께 여가생활 만족도도 증가했다. 2021년에는 자신의 여가생활에 대해 만족하는 사람들의 비율이 절반에 미치지 못했지만(49.7%), 이후 꾸준히 증가하여 2022년에는 56.6%, 2023년은 60.7%, 그리고 2024년에는 61.6%에 이르렀다. 엔데믹 선언 이후 첫해, 일상의 회복만큼 대한민국 사람들의 행복도 회복됐을까?

카카오같이가치를 통해 측정한 안녕지수의 추이를 살펴보는 것은, 앞선 질문에 대한 답을 찾는 데 도움이 될 수 있다. 2024년 한국인의 안녕지수 평균은 10점 만점에 5.42점이었다. 안녕지수 중간값이 5점임을 고려했을 때, 2024년 한국인의 행복 수준은 '보통'이라고 할 수 있다. 2024년 대한민국의 안녕지수는 평균을 기준으로 양쪽이 대칭된 종 모양의 정규분포 형태를 띠고 있다(그래프1). 4점에서 6점대에 해당하는 중간 안녕 그룹에 56.2%의 사람들이 모여 있는 것을 확인할 수 있다. 7점대 이상의 높은 안녕 그룹에는 21.7%의 사람들이, 3점대 이하의 낮은 안녕 그룹에는 22.1%의 사람들이 분포되어 있다. 지난해와 비교하면, 높은 안녕 그룹의 비율은 2023년 21.62% 대비 약 0.08% 증가했다. 반면 다행스럽게도 낮은 안녕 그룹 비율은 2023년 24.04%보다 약 1.94% 감소한 것이 확인됐다.

그래프1 2024년 안녕지수 점수대별 분포

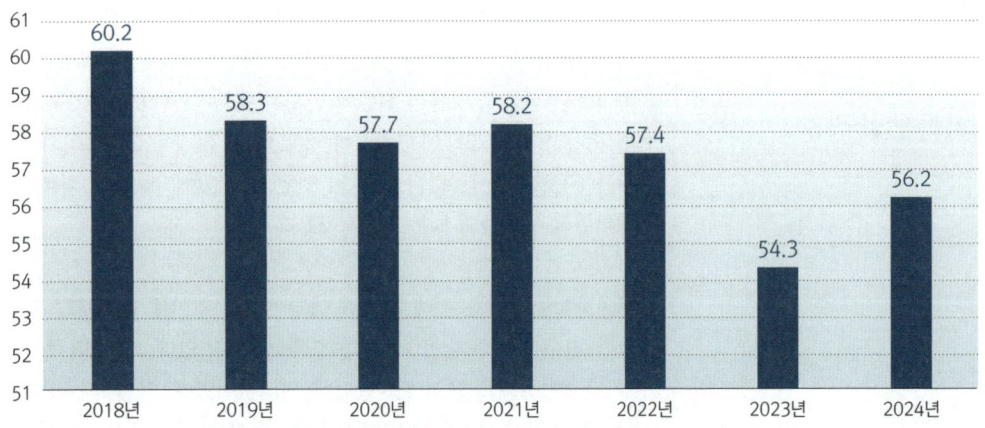

그래프 2　중간 안녕 그룹 비율의 변화

높은 안녕 그룹 비율이 지난해와 크게 다르지 않음을 고려했을 때, 낮은 안녕 그룹에 해당하는 사람들 중 일부는 중간 안녕 그룹으로 이동했을 가능성이 있다. 중간 안녕 그룹의 비율은 2018년 이후 꾸준히 감소하는 추세를 보이다 2024년에 소폭 증가했다. 지난해 대비 낮은 안녕 그룹의 약 1.94% 줄어든 반면, 중간 안녕 그룹은 1.90% 증가했다는 점은 반가운 일이다(그래프 2). 그러나 삶의 만족감이 낮고, 의미를 찾지 못하고 있으며, 긍정정서보다 부정정서를 더 많이 경험하는 사람들이 다섯 명 중 한 명꼴로 존재한다는 사실에 여전히 주의를 기울일 필요가 있다.

이번에는 안녕지수 중 삶의 만족도를 통해 2024년 대한민국 사람들의 행복을 살펴보자. 행복을 측정하는 데 있어 삶의 만족도는 가장 중요한 질문으로 여겨진다. OECD는 소속 국가들의 행복을 측정할 때 가장 먼저 해야 할 질문으로 삶의 만족도를 제시하고 있다. 유엔(UN)에서는 삶의 만족도를 통해 각 국가별 행복을 꾸준히 측정해오고 있다. 유엔에서는 약 150여 개 국가들을 대상으로 각 국가별 행복 순위를 조사하여 매년 「세계행복보고서」를 발행하고 있다.

> 높은 안녕 그룹 비율이 지난해와 크게 다르지 않음을 고려했을 때, 낮은 안녕 그룹에 해당하는 사람들 중 일부는 중간 안녕 그룹으로 이동했을 가능성이 있다.

대한민국의 삶의 만족도는 어떻게 나타났을까? 2024년 「세계행복보고서」에서 대한민국은 52위(6.08점)를 기록했다.

이 보고서는 국가별 행복 수준을 파악하는 데 가장 신뢰로운 자료로 평가받고 있다. 「세계행복보고서」의 국가별 행복은 자신의 삶에 대한 전반적인 만족도로 가늠해볼 수 있다. 각 국가의 사람들에게 자신의 삶 전반을 0점(더 이상 나쁠 수 없다)부터 10점(더 이상 좋을 수 없다) 사이의 점수로 평가하도록 하는 것이다. 이 질문은 안녕지수에서 측정하고 있는 삶의 만족도와 거의 동일하다. 따라서 안녕지수로 측정된 2024년 대한민국 삶의 만족도를 다른 국가와 비교함으로써 지난해 대한민국의 행복 수준을 파악해보고자 한다.

2024년 발행된 「세계행복보고서」(Helliwell, Layard, Sachs, De Neve, Aknin, & Wang, 2024)[1]의 결과를 살펴보면, 삶의 만족도가 가장 높은 국가는 핀란드(7.74점)였으며, 덴마크(7.58점), 아이슬란드(7.53점)가 그 뒤를 잇는 것으로 나타났다. 이들 북유럽 국가들은 매해 행복 점수에서 최상위권을 차지하고 있다. 오세아니아와 유럽에 속한 나라들과 미국, 캐나다 등 북미 대륙에 속한 나라들 역시 상위권을 기록했다. 전체 143개 국가 중 삶의 만족도가 가장 낮은 나라는 아프가니스탄(1.72점)이었으며, 레바논(2.71점), 레소토(3.19점) 등 주로 아프리카 대륙에 속한 나라들의 만족도가 낮은 것으로 나타났다.

그렇다면 대한민국의 삶의 만족도는 어떻게 나타났을까? 2024년 「세계행복보고서」에서 대한민국은 52위(6.08점)를 기록했다. 매해 조사하는 국가의 수에 차이가 있어서, 보다 정확한 비교를 위해 국가별 상대적 위치를 비교했다. 대한민국의 경우, 2018년 상위 36.5%(57/156위), 2019년 상위 34.6%(54/156위)를 차지했으나 코로나 기간 동안 하락하는 추세를 보였다. 2020년 상위 39.9%(61/153위), 2021년 상위 41.6%(62/149위), 2022년 상위 40.4%(59/146위), 2023년 상위 41.6%(57/137위)였으나, 지난 2024년에는 상위 36.4%(52/143위)로 지난해 대비 약 5.2% 상승했다 (그래프 3).

---

[1] 유엔에서 발행한 2024년 「세계행복보고서」의 국가별 삶의 만족도는 2021년부터 2023년 사이에 조사된 것으로 2024년 삶의 만족도와 시기상 다소 차이가 있다. 그러나 매년 발행된다는 점에서 변화의 추이를 살펴보는 것은 행복을 가늠하는 데 유용하다.

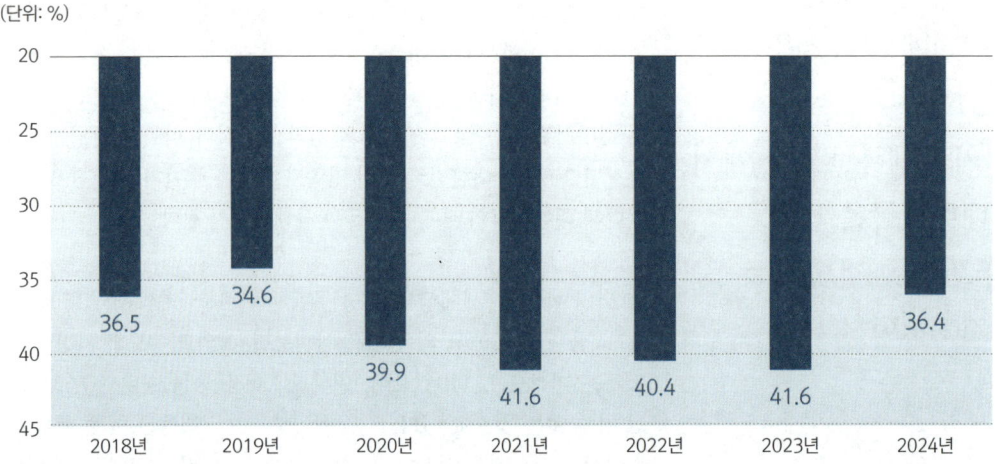

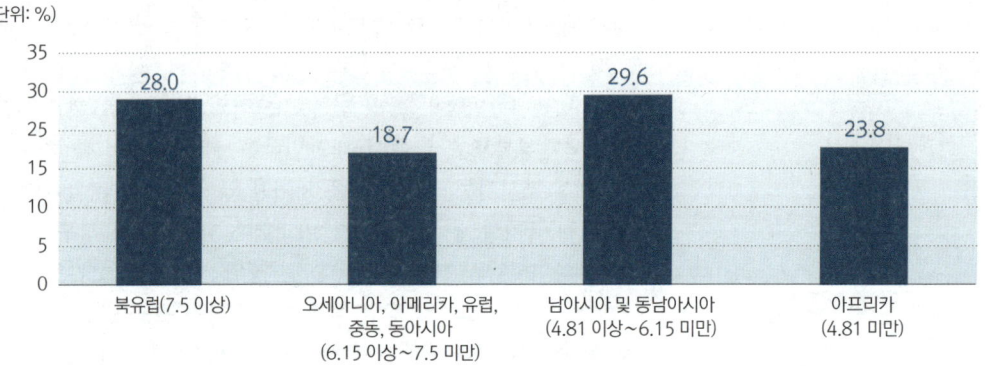

유엔에서 조사한 각 국가별 삶의 만족도 수준을 토대로 2024년 대한민국 삶의 만족도 양상을 살펴본 결과(그래프 4), 대한민국에 살고 있지만 북유럽 사람들과 유사한 삶의 만족도를 보이는 사람들은 28.0%로 나타났다. 반면 아프리카에 살고 있는 사람들처럼 낮은 삶의 만족도를 경험하고 있는 사람들은 23.8%였다. 특히 지난해인 2023년 대비 북유럽 수준의 높은 삶의 만족도를 경험하고 있는 사람들의 비율은 1.8% 증가한 것으로 나타났는데, 이는 대한민국의 사람들의 행복에 있어 긍정적인 신호로 해석할 수 있다.

안녕지수 측정 이래 최고 수준의 행복을 누리고 있는 중

대한민국의 행복 수준을 이전과 비교하는 것은 현재의 행복 상태를 더 명확히 파악하는 데 도움이 될 것이다. 2024년 대한민국의 행복은 5.42점으로, 이전 6개년(2018~2023년) 평균인 5.22점보다 0.20점 더 높은 것으로 나타났다 (그래프 5). 2018년부터 2023년의 주중 대비 주말의 행복이 평균적으로 0.07점 향상되는 것과 비교했을 때, 이는 2.77배 더 큰 차이다. 즉 주말에 경험하는 행복 이상으로 크게 상승했다는 것을 의미한다.

그래프 6 은 2024년의 안녕지수 및 안녕지수의 10가지 개별 하위 지표의 평균 점수가 이전 6개년(2018~2023년)의 평균과 비교하여 어떻게 변했는지를 차이값을 통해 보여주고 있다. 세로축 0점을 기준으로, 위로 올라간 막대(0점 초과)는 해당 지표의 점수가 이전 6개년에 비해 더 높아졌다는 것을 의미한다. 세로축의 0점을 기준으로 아래로 내려간 막대(0점 미만)는 해당 지표의 점수가 이전 6개년 평균 대비 더 낮아진 것을 나타낸다. 안녕지수를 비롯해 모든 긍정 지표(삶의 만족, 삶의 의미, 행복, 즐거움, 평안함, 긍정정서)가 증가한 것을 확인할 수 있다. 반면 모든 부정 지표(스트레스, 지루함, 짜증, 우울, 불안, 부정정서)의 점수는 낮게 나타났는데, 특히 지루함(0.36점)과 우울(0.29점)의 감소가 두드러지게 나타났다.

> 안녕지수를 비롯해 모든 긍정 지표가
> 증가한 것을 확인할 수 있다.

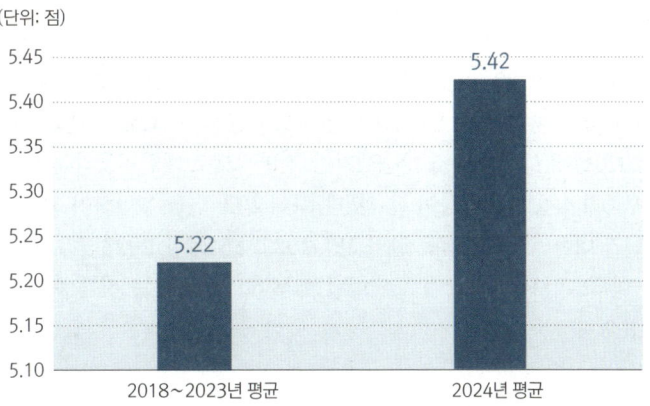

그래프 5 이전 6개년 평균과 2024년 안녕지수 평균 비교

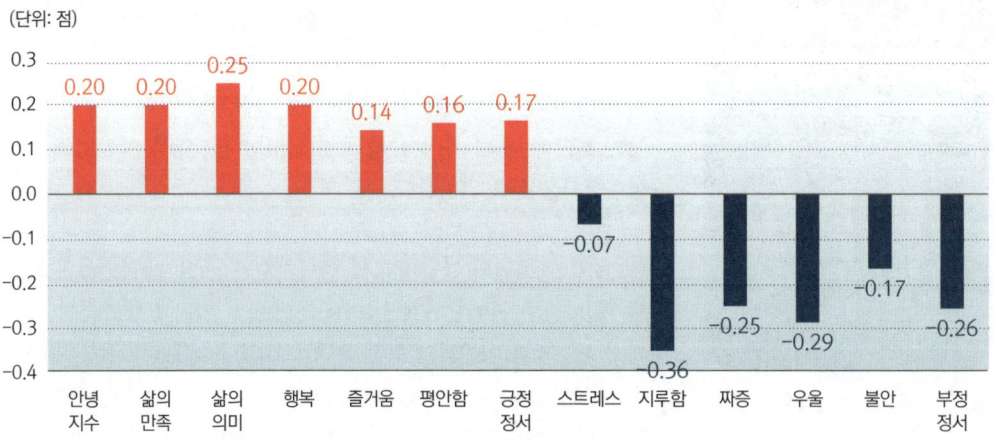

그래프 6 이전 6개년 대비 2024년 안녕지수와 전체 하위 지표 점수의 변화

그래프 7 지난 4년 동안(2020~2023년) 안녕지수 평균 점수의 변화

2018년부터 2024년까지 지난 7년간 측정한 안녕지수를 통해 대한민국의 행복을 좀 더 자세히 살펴보자. 그래프 7. 코로나 1년 차인 2020년에 행복이 다소 주춤했지만, 전반적으로 대한민국의 행복은 꾸준히 상승하는 양상이 관찰됐다. 특히 2024년을 포함하여 최근 3년간 대한민국의 행복을 살펴보면, 2022년 5.24점, 2023년 5.38점, 그리고 2024년 5.42점으로 매년 행복이 상승했다는 것을 확인할 수 있다.

> 전반적으로 대한민국의 행복은 꾸준히 상승하는 양상이 관찰됐다.

특히 긍정 지표 중
삶의 만족과
삶의 의미의
상승이 두드러졌다.

특히 긍정 지표 중 삶의 만족과 삶의 의미의 상승이 두드러졌다 (그래프 8). 삶의 만족의 경우, 이전 6개년 평균(5.81점) 대비 2024년 6.01점으로 0.20점 상승했다. 최근 3년간 삶의 만족의 변화를 살펴보면, 2022년 5.77점, 2023년 5.87점, 그리고 2024년 6.01점으로 꾸준히 증가했으며, 2024년에는 처음으로 삶의 만족이 6점대에 이른 것이 확인됐다. 삶의 의미도 마찬가지 양상이 관찰됐다. 2024년 삶의 의미 점수는 5.73점으로, 이전 6개년 평균(5.48점)에 비해 0.25점 높게 나타났다. 또한 삶의 만족과 마찬가지로 2022년부터 2024년까지 매년 평균적으로 약 0.14점씩 상승했다.

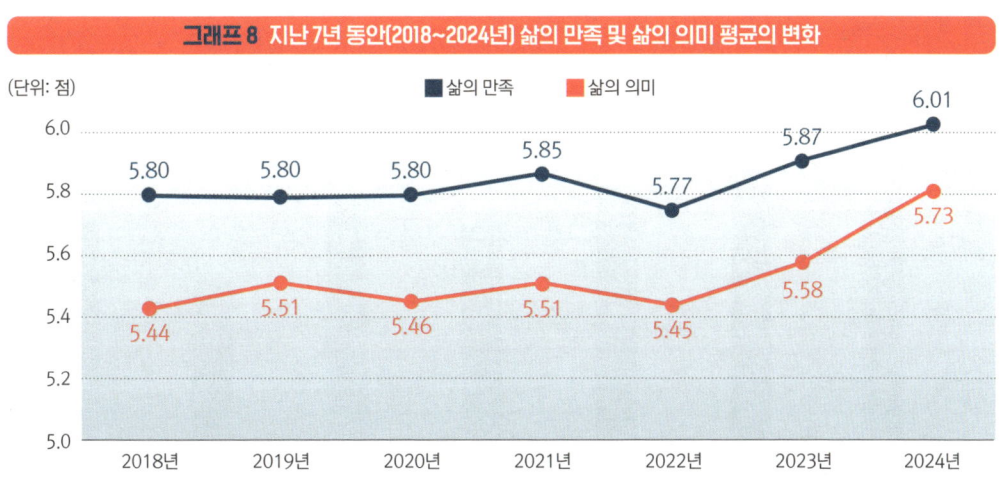

그래프 8 지난 7년 동안(2018~2024년) 삶의 만족 및 삶의 의미 평균의 변화

안녕지수가 매년 조금씩 상승하고 있는 것은 분명 반가운 일이다. 그러나 스트레스의 변화 양상을 보면, 아직 대한민국의 행복을 낙관하기 이르다는 것을 알 수 있다. 2018년부터 2024년까지 전반적으로 행복이 증가하는 추세와 함께 스트레스 역시 지속적으로 감소했다. 그러나 2024년의 경우 안녕지수는 상승했지만, 그와 동시에 스트레스도 증가한 것으로 나타났다. 2024년 한국인의 스트레스 평균은 6.10점이었다. 안녕지수를 측정한 이래 스트레스는 매해 6점대를 유지하고 있었다.

2023년 처음으로 스트레스 점수가 6점대 이하로 떨어졌다는 반가운 소식이 있었지만, 2024년 안녕지수가 다시 6점대로 회복됐다 (그래프 9). 안녕지수의 하위지표 중 평균이 6점을 넘는 지표는 스트레스와 삶의 만족뿐이다. 두 지표 모두 2023년에는 각각 5.91점과 5.87점이었으나 2024년에는 모두 상승하여 6점대를 기록했다. 삶의 만족이 상승한 것은 반가운 소식이지만, 스트레스가 또다시 6점대에 진입했다는 소식은 안타까움이 남는다. 2024년 스트레스 평균은 이전 6개년 평균(6.17점)보다는 낮은 수준이지만, 2023년에 비해 0.19점 증가했다는 점에서 안심하기는 어렵다.

완화되던 스트레스, 다시 반등하다

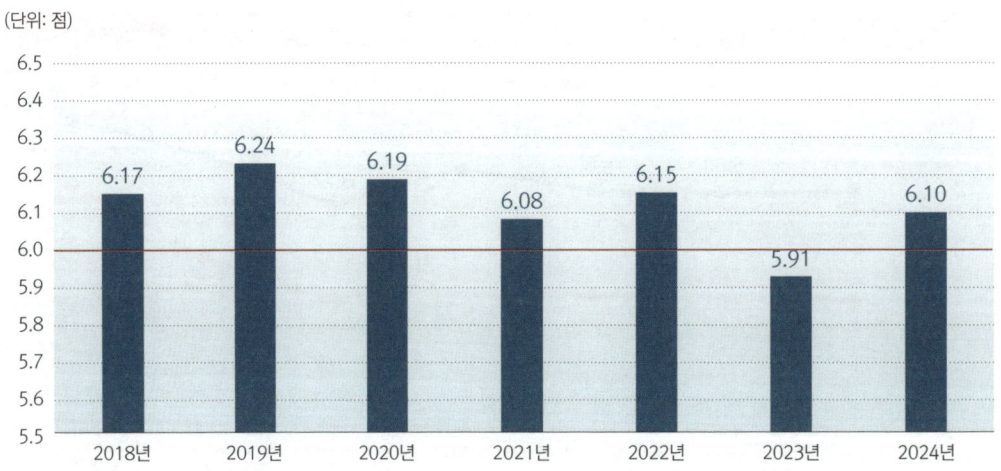

그래프 9 지난 7년간(2018~2023년) 스트레스 평균 점수의 변화

스트레스 점수 분포가 오른쪽으로 치우쳐 있다는 것은, 많은 사람들이 높은 수준의 스트레스를 경험하고 있음을 나타낸다.

2024년 스트레스 점수대별 분포를 살펴보면, 스트레스 점수가 중간에서 오른쪽으로, 즉 점수가 높은 쪽으로 치우쳐 있는 것을 확인할 수 있다. 스트레스 점수가 4점대에서 6점대에 속하는 중간 스트레스 그룹은 36.6%였으며, 7점대 이상의 높은 스트레스 그룹은 절반에 가까운 47.5%로 나타났다. 중간 스트레스와 높은 스트레스 그룹이 약 84.1%를 차지하는 것을 알 수 있다. 반면 3점대 이하의 낮은 스트레스 그룹은 15.9%에 불과한 것으로 나타났다. 지난해와 비교해보면, 낮은 스트레스 그룹의 비율은 2.77% 감소한 반면, 중간 스트레스 그룹과 높은 스트레스 그룹은 각각 2.21%, 0.56% 증가했다. 대한민국 스트레스 점수는 점점 더 오른쪽으로 이동하고 있다.

또 하나 눈여겨볼 필요가 있는 부분은 스트레스 점수가 10점인 최극단 수준의 스트레스 비율이 꾸준히 증가하고 있다는 점이다. 설문조사에 응답할 때, 사람들은 보통 주어진 척도의 양극단에 위치한 점수에 응답하는 것을 꺼리는 경향이 있다. 그러나 스트레스 점수의 응답에서는 최극단, 10점에 응답한 비율이 상당하다.

스트레스 점수가 10점인 최극단 수준의 스트레스 비율이 꾸준히 증가하고 있다는 점을 눈여겨볼 필요가 있다.

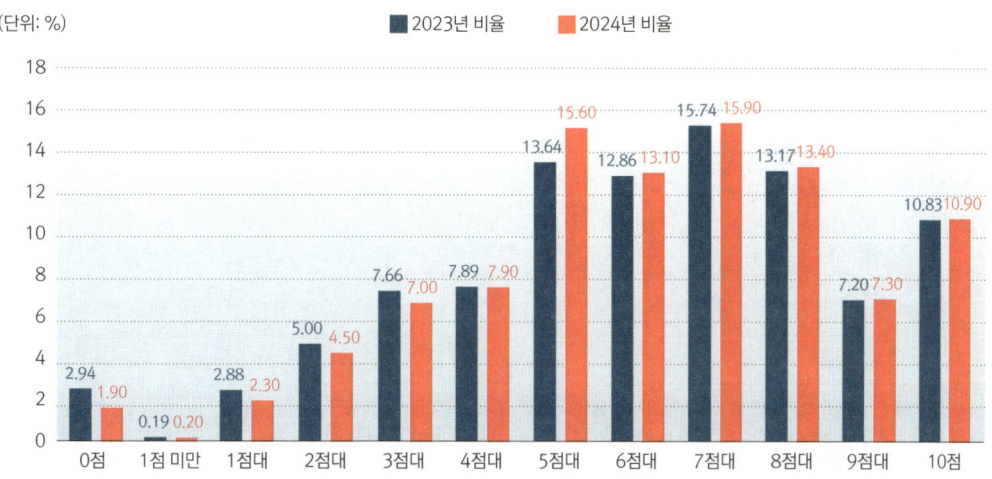

그래프 10 2023년 대비 2024년 스트레스 점수대별 분포

2024년 안녕지수의 10개 개별 지표 중 10점에 응답한 비율이 10%를 넘는 지표[2]는 스트레스가 유일하다. 2018년 전체 응답자 중 9.2%가 스트레스 수준을 10점이라고 평가했다. 2019년 처음으로 10%를 넘어선 이후 줄곧 10% 이상을 유지하고 있다(그래프 11). 2023년에 잠시 주춤했던 스트레스 수치는 2024년에 다시 증가했으며, 전체 응답자 중 10.9%는 더 이상 감당할 수 없는 최고 수준의 스트레스를 경험하고 있는 것으로 나타났다. 최고 수준의 스트레스를 경험하는 사람들의 비율을 낮추고, 스트레스 점수를 왼쪽으로, 즉 전반적인 스트레스 수준을 낮추기 위해서는 개인의 노력뿐만 아니라 사회적 차원의 관심과 지원도 필요하다.

> 2024년 안녕지수의 10개 개별 지표 중 10점에 응답한 비율이 10%를 넘는 지표는 스트레스가 유일하다.

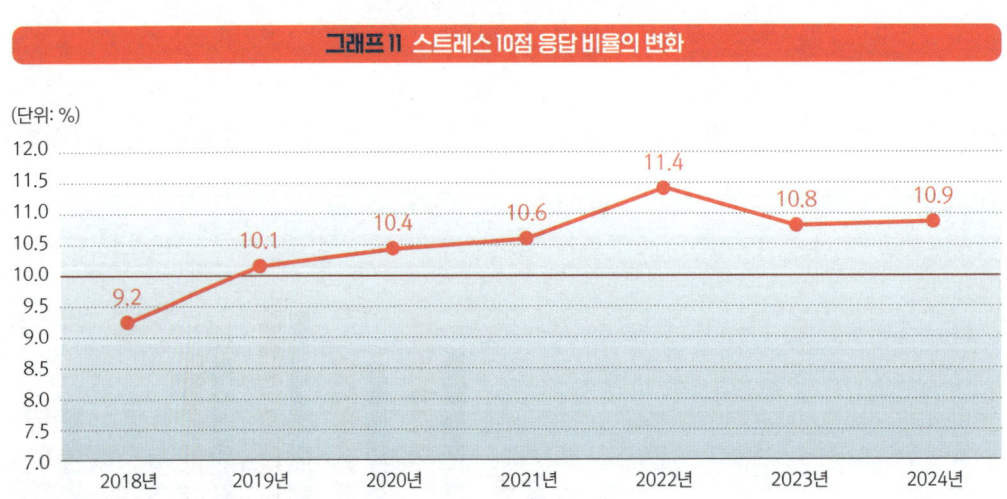

그래프 11 스트레스 10점 응답 비율의 변화

---

2 2024년 안녕지수 하위 지표별 10점 응답자 비율은 다음과 같다. 스트레스 10.9%, 삶의 만족 6.2%, 삶의 의미 7.7%, 행복 6.4%, 즐거움 4.5%, 평안함 6.6%, 지루함 6.8%, 짜증 6.2%, 우울 5.4%, 불안 7.0%.

최고 수준의 스트레스를 경험하는 사람들의 비율을 낮추고,
스트레스 점수를 왼쪽으로,
즉 전반적인 스트레스 수준을 낮추기 위해서는
개인의 노력뿐만 아니라 사회적 차원의
관심과 지원도 필요하다.

KOREA HAPPINESS REPORT 2025

Happiness in 2024

대한민국 행복지도 2025

Keyword 2

2024년 행복 달력
요일별 안녕지수와 가장 행복했던 날 베스트 5

행복은 요일별로 어떻게 달라질까? 사람들은 어떤 요일에 가장 행복하고, 어떤 요일에 가장 행복하지 않았을까? 이 질문에 대한 답을 찾기 위해 2024년 안녕지수를 요일별로 비교해보았다. 그리고 평일과 휴일 중 언제 더 행복했을지 알아보고, 가장 행복한 날 베스트 5와 가장 불행한 날 워스트 5를 살펴보았다.

그래프 12 를 통해 요일별 행복을 살펴본 결과, 월요일 이후 행복이 급격하게 증가한 후 주말에 가까워질수록 행복이 감소하는 추세가 관찰됐다. 구체적으로 화요일(5.50점), 목요일(5.50점), 그리고 수요일(5.47점)의 행복이 가장 높고, 월요일(5.22점)과 토요일(5.22점)의 행복이 일주일 중 가장 낮은 것으로 나타났다. 이른바 '월요병'이라 불리는 현상으로 인해 월요일의 행복 수준이 특히 낮은 것을 제외하면, 화요일부터 금요일까지의 평일 행복 수준이 주말보다 더 높게 나타났다. 이는 평일보다 주말의 행복 수준이 더 높게 나타나는 일반적인 경향과 반대되는 모습이다.

2024년은 이전 해와 달리 주말의 행복이 평일보다 낮은 유일한 해였다(2023년의 경우, 아주 근소하게 주말의 행복이 평일보다 약 0.001점 더

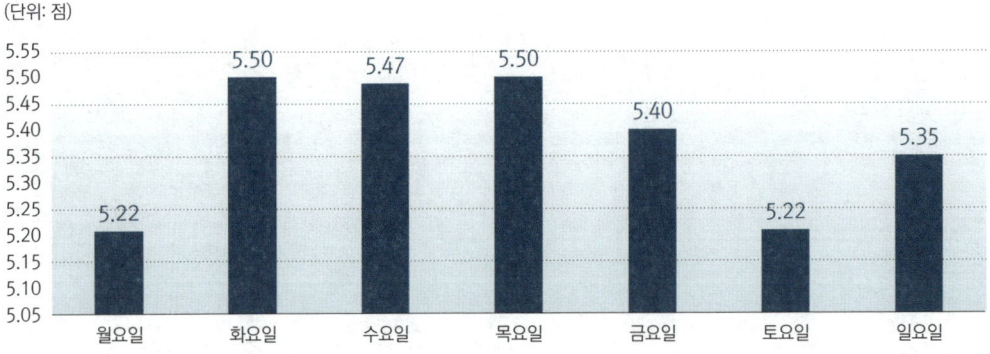

그래프 12 2024년 요일별 안녕지수

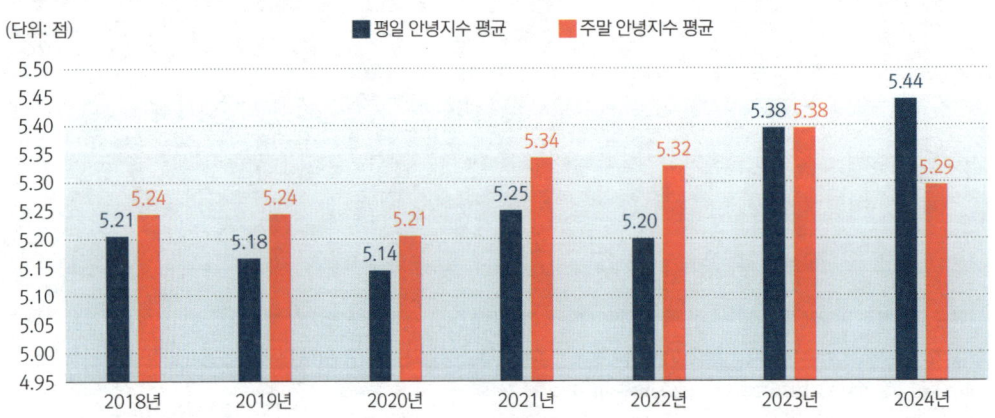

그래프 13 최근 7년 동안의 평일과 주말의 안녕지수 평균 비교

2024년은 이전 해와 달리 주말의 행복이 평일보다 낮은 유일한 해였다.

높다). 2024년 평일(월요일~금요일)의 안녕지수 평균은 5.44점으로, 주말(토요일·일요일) 평균인 5.29점보다 0.15점 높게 나타났다. 평일보다 주말에 더 행복한 주말 효과가 2024년에 관찰되지 않는 정확한 이유는 알 수 없겠지만, 2024년 한 해 동안의 달력을 자세히 살펴보면 실마리를 찾을 수 있다.

2024년의 주중 공휴일은 총 16일로, 전년 대비 4일 더 많았으며, 2018년 이후 가장 많은 주중 휴일을 기록한 해였다(그래프14). 주중 공휴일 16일 중 9일이 수요일과 목요일에 집중되어 있었다. 그래프15 에서 볼 수 있듯이, 주중 공휴일의 행복은 주말에 비해 0.35점 더 높게 나타났다. 이는 2018년부터 2023년까지의 평균적인 평일과 주말 차이인 0.07점(평일 5.20점, 주말 5.27점)과 비교했을 때 약 5.07배 더 큰 차이다. 수요일과 목요일처럼 한 주의 중간에 주어진 깜짝 선물 같은 휴식이 평일의 행복을 높이는 데 기여한 것은 아닌지 추측해볼 수 있다.

그래프 14 최근 7년 동안의 주중 공휴일 일수

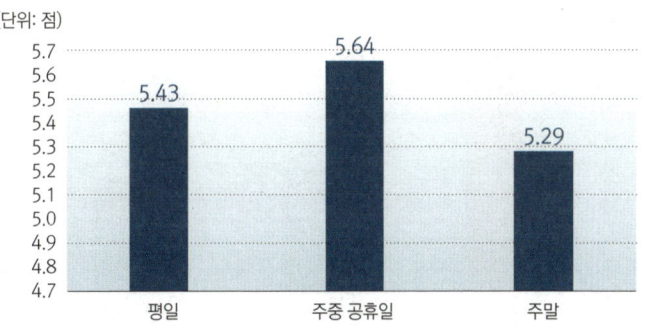

그래프 15 평일, 주중 공휴일 및 주말의 안녕지수 평균

2024년 가장 행복한 날

가장 행복했던 날과 불행한 날은 언제였을까? 이를 알아보기 위해 일별 안녕지수 평균을 살펴보았다. 그러나 안녕지수에 응답한 참여자 수가 지나치게 적은 경우, 일부 극단적인 값이 평균에 영향을 미쳐 결과가 왜곡될 수 있다. 이러한 왜곡을 최소화하기 위해 일별 응답자 수가 300명 이상인 244일을 대상으로 가장 행복한 날과 불행한 날을 분석했다.

2024년 한 해 동안 안녕지수가 가장 높았던 날은 4월 5일 금요일이었다 (그래프 16). 이날은 제22대 국회의원 선거의 사전투표가 시작된 첫날에 해당한다. 그다음으로 행복한 날은 5월 5일(일요일) 어린이날이었다. 가장 행복한 날 베스트 5 중 나머지 3일을 살펴보면, 3월 18일(월요일), 8월 13일(화요일), 5월 15일(수요일)이 포함되어 있었다. 이 중 5월 5일(일요일)과 5월 15일(수요일)은 각각 어린이날과 석가탄신일로, 모두 공휴일에 해당한다. 특히 어린이날인 5월 5일은 다음 날인 월요일이 대체 휴일이었던 만큼 하루 더 쉴 수 있다는 기대감으로 인해 더 들뜬 하루였을 가능성이 높다.

또 한 가지 눈에 띄는 점은 가장 행복한 날 베스트 5에 포함된 날들은 3월, 4월, 5월, 그리고 8월로 모두 상반기에 집중되어 있다는 것이다. 2024년 상반기 GDP 성장률은 전년 동기 대비 2.8% 증가했으며, 고용률도 2024년 1월 61.0%에서 8월 63.2%까지 완만한 상승 추세를 보였다(한국은행, 2024). 이러한 경제지표의 개선과 엔데믹 이후 형성된 긍정적인 기대감이 맞물리며, 2024년 상반기는 비교적 행복한 시기로 볼 수 있다.

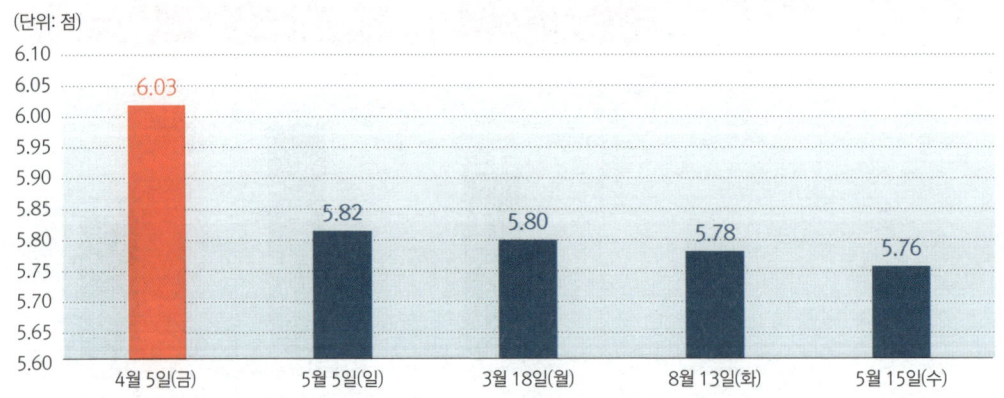

그래프 16 2024년 가장 행복한 날 베스트 5

2024년 중 가장 행복하지 않았던 날은 10월 25일 금요일이었다.

2024년 중 가장 행복하지 않았던 5일은 언제였는지 알아보았다 (그래프 17). 가장 행복하지 않았던 날은 10월 25일 금요일이었다. 이후 10월 26일(토요일)과 10월 27일(일요일)도 가장 불행했던 5일에 포함되어 있었다. 10월 25일은 유명 배우의 갑작스러운 사망 소식이 전해진 날로, 많은 사람이 놀람과 애도를 표했다. 이 비보로 인한 심리적 충격이 주말까지 이어졌을 가능성이 있다. 유명인의 갑작스러운 죽음은 사람들의 행복을 일시적으로 저해할 수 있다. 사람들은 미디어(예: 〈나 혼자 산다〉와 같은 관찰 예능 프로그램)나 소셜미디어를 통해 유명인의 삶을 가까이에서 접하며 준사회적 관계(parasocial relationships)를 형성하게 된다. 이로 인해 직접적인 관계가 없음에도 불구하고, 그들의 죽음에 대해 깊은 슬픔이나 상실감을 경험할 수 있다.

10월 25일 사람들의 안녕지수를 조금 더 자세히 살펴본 결과, 안녕지수 개별 지표 중 삶의 의미(4.27점)가 유독 낮은 것이 관찰됐다. 2024년 한 해 중 삶의 의미가 가장 낮은 날 역시 10월 25일이었으며, 그다음으로 낮은 날은 10월 26일(4.57점)이었다. 2024년 동안 행복 수준이 낮았던 5일 중에는 6월 26일(수요일)이 포함되어 있었는데, 이는 6월 24일(월요일)에 발생한 화성 아리셀 공장 화재 사고의 여파일 수 있다. 이 사고는 한국 화학업계 역사상 가장 큰 화재 피해 중 하나로, 23명이 사망하는 등 사회적으로 큰 충격을 남겼다.

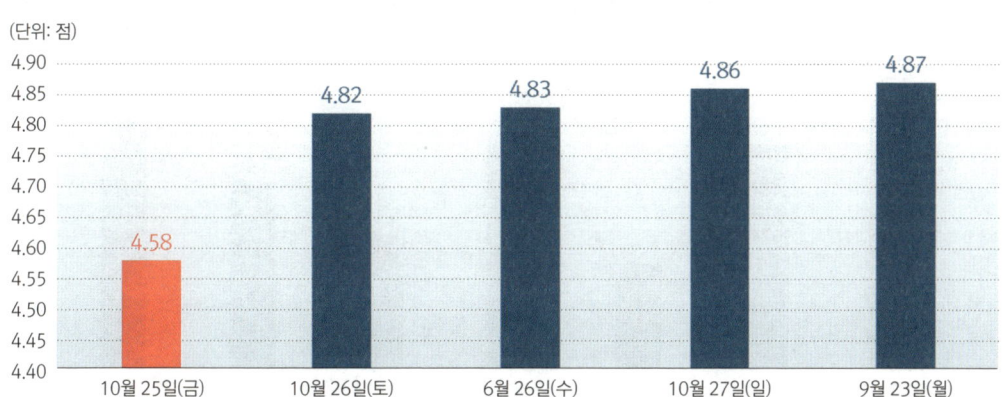

그래프 17 2024년 가장 불행한 날 워스트 5

> 다시 찾은
> 어린이날의
> 행복

어린이날의 행복 점수는 해당 연도가 얼마나 행복했는지, 혹은 얼마나 불행했는지를 가늠하게 해준다. 한마디로 어린이날의 행복은 대한민국 행복의 바로미터(barometer)라고 해도 과언이 아닐 것이다. 카카오같이가치 마음날씨를 통해 안녕지수를 측정한 이래로 2020년 코로나 첫해와 2022년(3고의 경제 위기), 그리고 2023년을 제외하고 가장 행복한 날 베스트 5에 포함됐다. 2024년 어린이날은 다시 행복한 날 베스트5에 안착했을까?

2024년도 어린이날 행복 점수는 5.82점으로 지난해 대비 0.36점 상승했고, 2024년 365일 중 세 번째 로 행복한 날이었다(그래프18). 어린이날의 행복이 회복된 것은 반가운 소식이 아닐 수 없다. 어린이날이 속한 5월은 다양한 형태의 휴일 중에서도 행복감이 높은 휴일 중의 휴일이다. 5월은 계절적으로도 따뜻하고 기분 좋게 활동하기 좋은 날이며, 어린이날 외에도 어버이날, 스승의날 등 소중한 사람들과 고마움을 주고받는 포근하고 행복한 달로 손꼽힌다. 5월은 가족과 친구 등 가까운 사람들과 일상을 나누는 '사회적 관계의 달'이자, 가정의 달이다. 그런 의미에서 다시 찾아온 어린이날의 행복은 더욱 의미 있다. 이는 일상의 관계를 회복하고, 행복감을 되찾는 긍정적인 신호로 해석될 수 있다.

그래프 18 최근 7년간 어린이날 행복 점수의 변화

잠시 멈췄던 행복, 연말에 가까울수록 다시 높아지다

한 해를 마무리할 때 사람들은 "수고했어, 올해도!"와 같은 인사를 주고받으며 서로의 수고를 알아주고 고마움을 표현한다. 동시에 다가올 새해에 대한 기대감에 들뜬 마음으로 지내는 날이기도 하다. 고마움과 기대로 가득한 연말은 다른 달에 비해 행복을 더 많이 경험할까?

2018년부터 2023년까지 이전 6개년의 월별 행복 변화를 살펴본 결과, 완만한 U자형 형태를 보이는 것을 확인할 수 있었다. 새해의 시작과 함께 기대감에 높아졌던 행복이 서서히 감소하다 연말에 가까울수록 상승하는 연말 효과가 나타난 것이다. 2024년에도 연말에 가까울수록 행복이 증가하는 모습이 관찰됐다. 이전 6개년의 경우, 3분기(7~9월) 대비 4분기(10~12월)의 안녕지수는 평균 약 0.02점 증가했다. 반면 2024년에는 3분기 대비 4분기 안녕지수가 0.26점 상승했으며, 이는 과거 6개년 평균 대비 약 13배 더 큰 폭으로 증가한 것이다.

고마움과 기대로 가득한 연말은
다른 달에 비해 행복을 더 많이 경험할까?

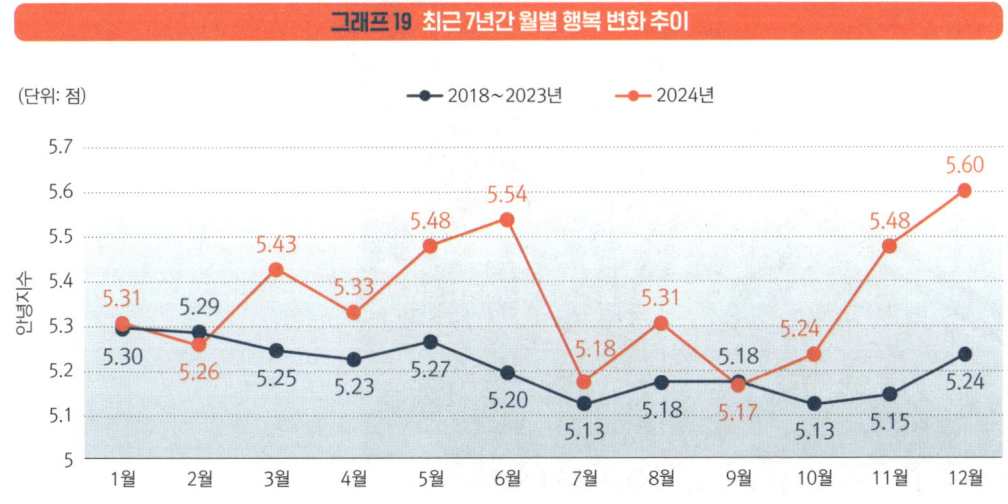

그래프 19 최근 7년간 월별 행복 변화 추이

2024년 한 해의 행복 추이를 자세히 살펴보면, 두 번의 상승 추세를 발견할 수 있다. 1월부터 6월, 즉 상반기 동안 꾸준히 행복이 증가하는 추세가 관찰된 후 7월에 행복이 크게 감소했다. 7월의 행복 감소에 대해 분명한 원인을 단정할 수는 없지만, 어쩌면 2024년 7월 1일 서울 시청역 교차로에서 발생한 차량 돌진 사고와 관련이 있을 수 있다. 이 사고로 9명이 사망하고 4명이 부상을 입었으며, 서울 도심 한복판에서 평범한 시민들이 목숨을 잃었다는 점에서 사회적 충격이 더욱 컸다. 2024년 한 해 동안 불안의 평균 점수는 4.62점이었으나, 7월 1일의 불안 점수는 5.06점으로, 연간 평균보다 약 9.52% 높은 수치를 기록했다. 불안 점수가 평균을 상회하는 양상은 7월 4일까지 지속됐으며, 이는 7월 초에 사람들이 느낀 불안 수준이 특히 높았음을 보여준다. 이후 9월을 기점으로 12월까지 매월 행복이 조금씩 상승했다.

비록 중간에 잠시 주춤했던 시기가 있었지만, 연말이 다가올수록 사람들의 행복감은 점차 증가하는 경향을 보였다. 이는 한 해를 돌아보며 성취를 되새기고, 다가오는 새해에 대한 기대감이 높아지는 연말 효과를 보여준다.

2024년 한 해의 행복 추이를 자세히 살펴보면, 두 번의 상승 추세를 발견할 수 있다.

비록 중간에 잠시 주춤했던 시기가 있었지만,
연말이 다가올수록 사람들의 행복감은 점차 증가하는 경향을 보였다.
이는 한 해를 돌아보며 성취를 되새기고
다가오는 새해에 대한 기대감이 높아지는 연말 효과를 보여준다.

KOREA HAPPINESS REPORT 2025

Happiness in 2024

대한민국 행복지도 2025

Keyword 3

누가 가장 행복했을까?
연령과 성별에 따른 안녕지수

2024년, 코로나19 위기 단계 해제가 이루어진 지 1년이 지나면서 대한민국은 국내외적으로 다양한 사회·경제적 변화를 겪으며 희로애락을 경험했다. 그렇다면 2024년 가장 행복한 사람은 누구일까? 그리고 한 해 동안 그들의 행복 수준은 어떻게 변화했을까? 이러한 질문에 답하기 위해 연령대와 성별을 기준으로 대한민국 국민의 행복 상태를 분석했다.

그래프 20 은 2024년 연령별 안녕지수(실선)와 2018년부터 2023년까지의 평균 연령별 안녕지수(점선)를 비교하여 보여준다. 과거(2018~2023년)의 연령별 안녕지수는 완만한 U자형 곡선을 보였다. 10대에서 시작된 안녕지수는 점차 하락해 20대부터 40대까지 깊은 골짜기를 형성한 뒤, 다시 상승하며 60대 이상에서 정점에 도달하는 패턴이다.

그러나 2024년 연령별 안녕지수는 기존 흐름과 다르게 J자형에 가까운 패턴을 보였다. 10대에서 20대로 넘어가며 소폭 하락한 후, 이후 연령이 증가할수록 뚜렷한 상승 곡선을 그리며 60대에서 최고점을 기록했다. 특히 주목할 점은 10대를 제외한 모든 연령대에서 안녕지수가 과거보다 상승했다는 것이다. 이러한 변화는 삶의 만족, 삶의 의미, 긍정정서 등의 안녕지수 하위 지표 전반에서도 일관되게 나타났으며, 반대로 스트레스와 부정정서는 감소하는 경향을 보였다.

이러한 결과는 2024년 대한민국의 안녕지수 상승은 '우울증 환자 100만 시대'에 접어든 현실 속에서 작은 희망으로 다가온다. 우울증은 지속적인 우울감과 의욕 저하뿐만 아니라 즐거움 상실, 짜증, 분노를 유발하며 감정, 사고, 행동 전반에 영향을 미쳐 일상 기능 저하를 초래하는 질환이다. 건강보험심사평가원(2022)에 따르면, 대한민국의 우울증 환자는 2018년 약 75만 명에서 2022년 약 100만 명으로 33% 급증했으며, 같은 기간 불안장애 환자도 26% 증가했다. 현대사회에서 우울증과 불안이 감기처럼 흔한 질병이 됐음에도 불구하고, 대한민국의 행복도가 상승했다는 점은 다행스러운 일이다.

> 청년부터 노년까지, 대한민국의 행복 수준은 어떻게 변하고 있나?

그래프 20 2018~2023년 평균 대비 2024년 연령별 안녕지수 변화

인생 후반의 지혜: 불안은 흐려지고, 평안이 깊어진다

우울증 환자를 연령별로 살펴보면, 2022년 기준으로 20대(19만 4,200명)가 가장 많았으며, 30대(16만4,942명)가 그 뒤를 이었다(건강보험심사평가원, 2022). 전체 우울증 환자 중 20·30대가 차지하는 비율은 2018년 26%에서 2022년 36%로 증가하며, 다른 연령대에 비해 가장 큰 상승폭을 보였다. 이는 청년층이 심리적 어려움을 더 크게 경험하고 있음을 의미한다.

2024년 연령별 안녕지수 결과에서도 이러한 경향이 일관되게 나타났다. 20대는 여전히 가장 낮은 안녕지수를 기록했으며, 반면 60대 이상은 가장 높은 안녕지수를 보였다. 이는 안녕지수 조사가 시작된 이래 지속적으로 관찰된 패턴이기도 하다. 특히 20대와 60대 이상 사이에서 가장 극명한 차이를 보인 안녕지수 하위 지표는 평안함과 불안이었다. 20대는 불안 속에서 길을 모색했으며(그래프 21), 60대는 평온함 속에서 삶을 되새겼다(그래프 22).

> 20대는 여전히 가장 낮은 안녕지수를 기록했으며, 반면 60대 이상은 가장 높은 안녕지수를 보였다.

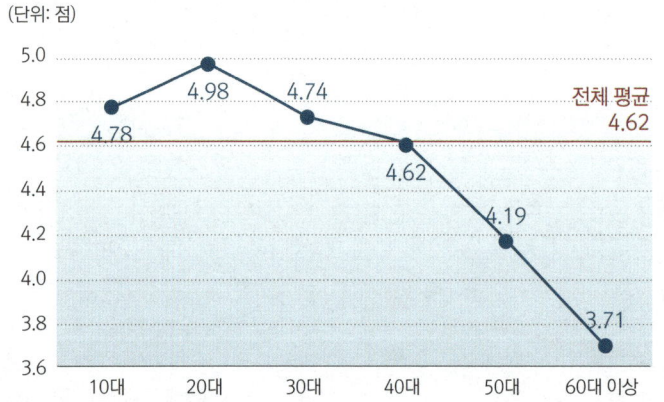

60대 이상은 긍정적 심리 지표에서 꾸준히 1위를 차지한 반면, 부정적 심리 지표에서는 가장 낮은 수치를 기록했다.

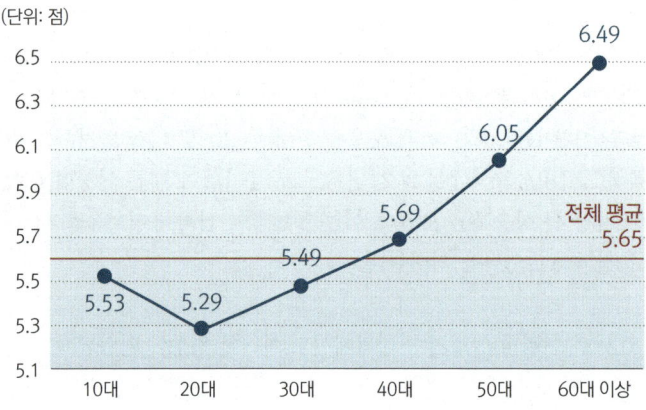

다른 하위 지표를 살펴보아도 60대 이상은 긍정적 심리 지표(삶의 만족, 삶의 의미, 긍정정서)에서 꾸준히 1위를 차지한 반면, 부정적 심리 지표(스트레스, 부정정서)에서는 가장 낮은 수치를 기록했다. 인생 후반이 되면 마치 하늘에서 행복이 선물처럼 주어지는 것일까, 아니면 나이가 들면서 행복을 찾고 유지하는 법을 익히게 되는 것일까? 일부 연구자들은 노년층의 행복감, 특히 정서적 웰빙이 증가하는 이유를 부정적인 감정을 더 효과적으로 조절하는 능력이 향상되기 때문이라고 설명한다(Carstensen et al., 2003).

> 행복은 단순히 나이에 따른 필연적인 결과가 아니라, 삶을 바라보는 방식과 경험을 해석하는 전략의 변화에서 비롯될 가능성이 크다.

일반적으로 노년기에 접어들면 신체적 체력이 저하되고, 인지 기능이 쇠퇴하며, 사회적 관계의 폭이 줄어드는 등 노화로 인한 변화로 인해 행복감이 감소할 것이라 예상된다. 그러나 연구에 따르면, 나이가 들수록 긍정적인 경험에 대한 민감도가 높아지고, 부정적인 경험을 수용하고 조절하는 능력이 향상되며, 삶의 전략과 동기가 행복을 증진하는 방향으로 조정된다. 즉 행복은 단순히 나이에 따른 필연적인 결과가 아니라, 삶을 바라보는 방식과 경험을 해석하는 전략의 변화에서 비롯될 가능성이 크다.

반면 20대는 긍정적 심리 지표에서 최하위를 기록하며, 삶 속에서 만족과 의미, 즐거움을 찾는 일이 쉽지 않음을 여실히 드러냈다. 그러나 부정적 심리 지표에서는 연령대별 차이가 나타났다. 불안과 지루함은 20대에서 가장 높았지만, 스트레스, 짜증, 그리고 우울감은 오히려 40대에서 가장 높은 수치를 기록했다. 한편 20대와 연령이 가까운 10대는 전반적으로 긍정적 지표에서는 평균 이하, 부정적 지표에서는 평균 이상의 경향을 보였다. 다만 삶의 만족과 즐거움에서는 평균을 웃돌며, 20대보다 감정적으로 보다 안정적이고 활력 있는 삶을 유지하고 있음을 나타낸다.

삶의 흐름을 비유하자면, 이러한 결과는 마치 항해와도 같다. 청소년은 멀리 보이는 파도를 보며 두려움과 설렘을 동시에 느끼고, 청춘은 거친 물살을 가르며 불안 속에서 방향을 찾는 젊은 항해자와 같다. 중년은 거센 바람과 무거운 짐을 견디며 흔들리는 돛을 붙잡고 균형을 잡아가는 시기이며, 노년은 마침내 잔잔한 바다 위에서 저무는 노을을 바라보며 지나온 항로를 되돌아보는 노련한 선장의 모습과 닮아 있다. 이러한 흐름 속에서 60대 이상의 높은 안녕지수는 중요한 시사점을 제공한다. 거친 파도와 흔들리는 돛대 속에서도 결국 더 나은 방향으로 나아갈 수 있다는 사실을 보여주는 작은 신호일지도 모른다. 이는 현재 불안을 겪고 있는 청년층에게도 인생이라는 긴 항해에서 언젠가 맞이할 평온함이 있음을 시사하는 희망이 될 것이다.

그래프 23 은 2024년 성별 안녕지수를 비교하여 보여준다. 2023년과 비교했을 때, 남성의 안녕지수는 5.64점에서 5.61점으로 소폭 감소한 반면, 여성의 안녕지수는 5.29점에서 5.37점으로 상승했다. 그러나 올해(2024년)도 남성의 안녕지수가 여성보다 높았으며, 성별 간 격차는 여전히 존재했다.

구체적으로 긍정적 심리 지표에서는 남성이 여성보다 높은 점수를 기록한 반면, 부정적 심리 지표에서는 여성이 남성보다 더 높은 점수를 보였다. 특히 남성은 여성보다 만족감과 의미를 더 크게 경험하는 반면, 여성은 남성보다 우울과 불안을 더 자주 경험하는 경향을 보였다. 이러한 성별 간 기저 수준의 차이는 안녕지수 측정 이래 지속적으로 관찰되는 패턴이다.

> 남성은 의미를 찾고,
> 여성은 불안을 안고

특히 남성은 여성보다 만족감과 의미를
더 크게 경험하는 반면, 여성은 남성보다
우울과 불안을 더 자주 경험하는 경향을 보였다.

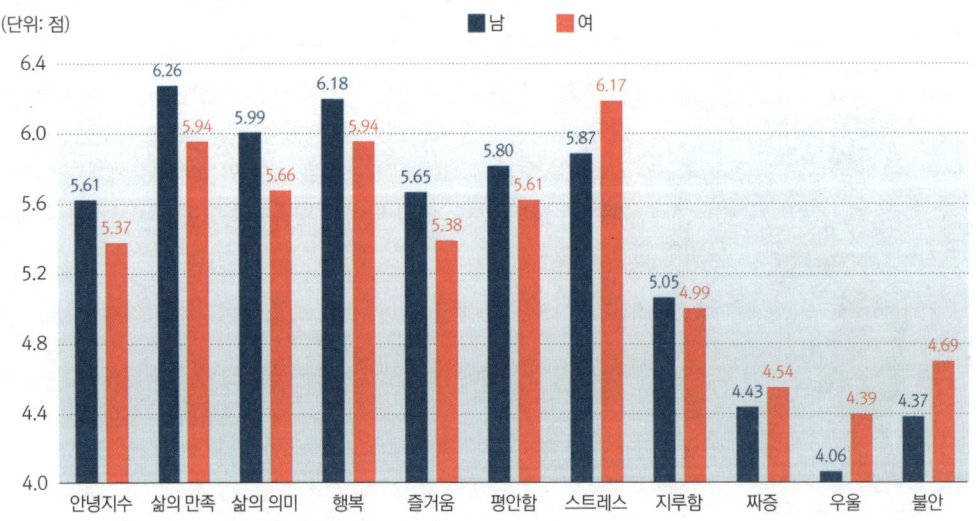

그래프 23 2024년 성별 안녕지수 및 하위 지표 평균값

가족이 중심이 되는 계절, 남성과 여성의 안녕감도 같아지다

남성과 여성의 안녕 수준 차이는 일 년 내내 지속될까? 이 질문에 답하기 위해 1월부터 12월까지 남성과 여성의 안녕지수 변화를 분석했다. 그래프 24 는 2024년의 성별 월별 안녕지수(실선)와 2018년부터 2023년까지의 평균 성별 월별 안녕지수(점선)를 비교하여 보여준다. 분석 결과 2024년 남성과 여성의 월별 안녕지수는 전반적으로 상승했으며, 특히 11·12월에는 연말에 행복감이 반등하는 이른바 '연말 효과'가 더욱 두드러졌다. 이러한 변화는 지난해 연말 효과가 나타나지 않았던, 유독 추운 겨울을 보낸 여성에게 다시 따뜻한 겨울이 찾아왔다는 긍정적인 신호로 해석될 수 있다.

남성과 여성의 안녕지수 변동폭 또한 주목할 만하다. 과거(2018~2023년)에는 남성과 여성 간 안녕지수 차이가 연중 0.2점 이상 일정하게 유지되는 경향을 보였으나, 2024년에는 시기별 변동이 더욱 뚜렷하게 나타났다. 특히 5·6월에는 남성과 여성의 안녕지수 곡선이 가장 근접하며, 성별 간 격차가 최소화되는 시기를 기록했다. 이는 5·6월 여성의 안녕지수 급상승이 주요한 원인으로 작용했음을 시사한다. 이러한 변화는 전 연령대에서 동일하게 나타나지 않았으며, 특히 30대 이상 여성에서 더욱 두드러졌다.

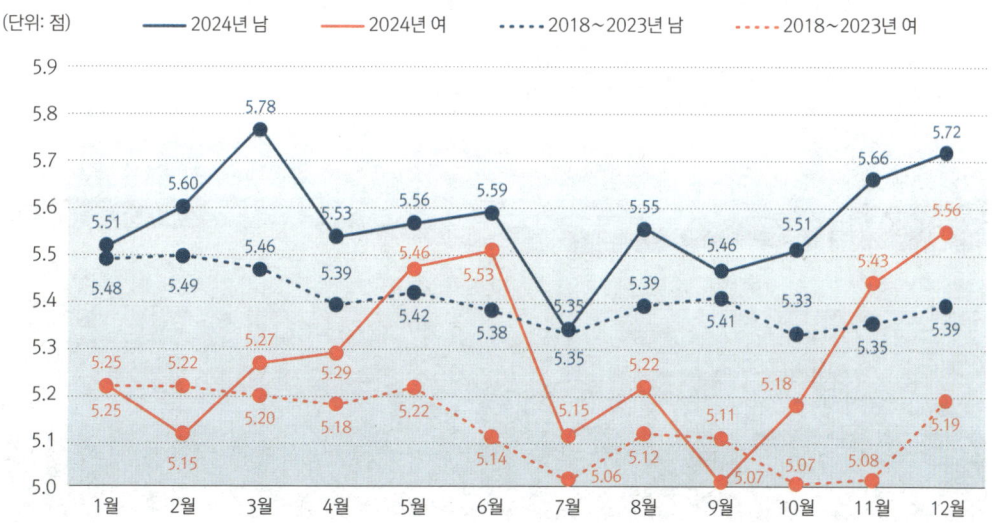

그래프 24 2018~2023년 평균 대비 2024년 성별 × 월별 안녕지수 변화

5월은 어린이날, 어버이날, 스승의 날, 성년의 날, 부부의 날 등 가족 및 관계 중심의 기념일이 집중된 시기로, 사회 전반적으로 건강한 가정과 유대 형성을 장려하는 분위기가 조성된다. 이 시기에는 가족 간 교류가 활발해지며, 아이들의 행복감과 감사 표현도 함께 증가하는 경향이 있다. 정확한 이유를 단정할 수는 없지만, 이러한 요인들이 맞물리며 2024년 5·6월 여성의 행복감 상승을 견인했을 가능성이 있어 보인다.

정확한 이유를 단정할 수는 없지만,
이러한 요인들이 맞물리며
2024년 5·6월
여성의 행복감 상승을 견인했을
가능성이 있어 보인다.

남성과 여성의 토요일: 같은 주말, 다른 온도

월별 행복 수준 분석에 이어, 요일에 따른 남성과 여성의 행복 변화는 어떻게 나타났을까? 과거(2018~2023년)와 마찬가지로, 2024년에도 모든 요일에서 남성의 안녕지수는 여성보다 높았으며, 심지어 남성의 최저 행복 수준조차 여성의 최고 행복 수준을 상회했다 (그래프 25). 특히 과거에는 주말 이후 월요일부터 주중 내내 안녕지수가 낮게 유지되는 '월월월월토일' 패턴(점선)이 관찰됐으나, 2024년에는 월요일에 하락한 후 화요일부터 급격히 회복하는 새로운 패턴(실선)이 나타났다. 즉 올해는 남성과 여성 모두 월요일에 행복감이 하락하는 '월요병'을 경험했지만, 이후 빠르게 회복하는 경향을 보였다.

그러나 남성과 여성이 모든 요일에서 동일한 패턴을 보인 것은 아니다. 특히 2024년 여성의 토요일 안녕지수가 눈에 띄게 하락했다. 전반적으로 올해 여성의 안녕지수는 과거보다 모든 요일에서 상승했으나, 토요일만큼은 예외적으로 과거 대비 하락하며 남성과의 격차가 더욱 벌어졌다. 이러한 하락세는 안녕지수의 하위 지표에서도 일관되게 나타났다. 특히 여성은 남성에 비해 토요일에 삶의 의미와 즐거움을 덜 경험한 반면, 스트레스와 불안을 더 강하게 느꼈다. 결과적으로 2024년 여성의 토요일 안녕지수는 월요일보다도 낮게 기록되며, 올해 토요일은 여성에게 월요일보다 더 힘든 날로 자리 잡았다.

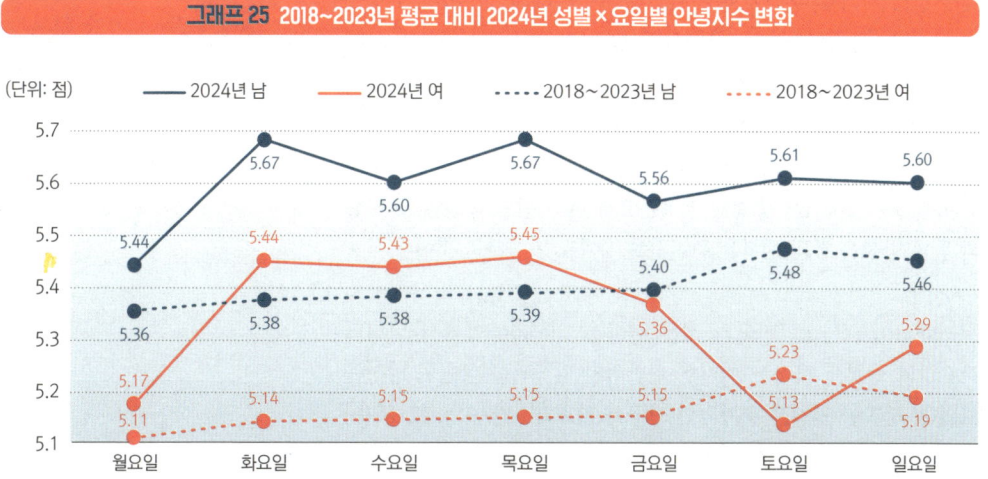

그래프 25 2018~2023년 평균 대비 2024년 성별 × 요일별 안녕지수 변화

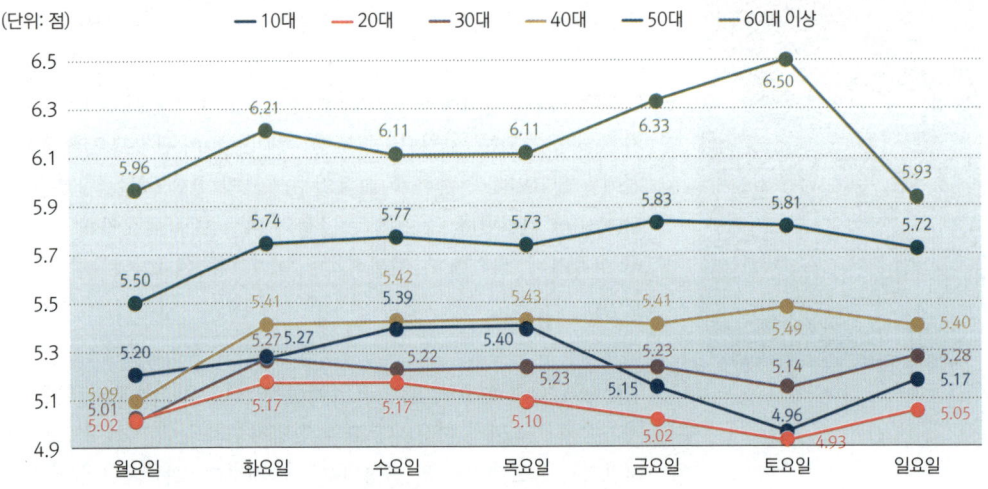

그렇다면 모든 여성이 토요일을 힘겹게 보냈을까? 그래프 26 은 2024년 여성의 연령대별 요일별 안녕지수 변화를 보여준다. 흥미롭게도 이러한 패턴은 10대부터 30대 여성에게만 국한되어 나타났으며, 40대 이상에서는 오히려 토요일에 안녕지수가 유지되거나 반등하는 양상을 보였다. 즉 토요일이 주는 부담은 젊은 여성에게 더 무겁게 느껴졌던 것이다.

토요일에 여성의 행복도가 하락한 현상은 기존 연구와 비교했을 때 예상 밖의 결과로, 흥미로운 시사점을 제공한다. Ryan et al. (2010)의 연구에 따르면, 금요일 저녁부터 일요일 오후까지 사람들의 긍정적인 정서와 활력감이 증가하는 이른바 '주말 효과'가 관찰됐다. 이는 주말 동안 개인이 자율적으로 시간을 조절하고, 사회적 관계를 형성할 기회가 늘어나면서 심리적 욕구(Self-Determination Theory, Ryan & Deci, 2001)가 충족됐기 때문으로 해석된다. 즉 주말은 자유와 관계 형성을 통해 행복을 증진하는 시기로 기능하는 것이다.

그러나 2024년 대한민국의 젊은 여성(10·20·30대)에게서 나타난 토요일의 행복도 하락은 이러한 일반적인 경향과는 상반된 양상을 보인다. 정확한 원인은 추가적인 연구가 필요하지만, 이는 토요일이 심리적 회복의 시간이 아니라 오히려 심리적 부담이 가중되는 시기로 작용했을 가능성을 의미한다. 주말의 행복 증가는 자율성과 관계 욕구 충족에 의해 매개된다는 연구 결과(Ryan et al., 2010)를 고려할 때, 젊은 여성의 토요일 행복도 하락은 이 두 가지 욕구가 충분히 채워지지 않았을 가능성이 있다. 즉 자율적으로 시간을 활용할 여유가 부족하거나, 기대되는 사회적 활동이 부담으로 작용할 경우, 토요일은 오히려 스트레스가 증가하는 시간이 될 수 있다.

이러한 결과는 주말이 모든 사람에게 같은 방식으로 작용하지 않으며, 연령과 사회적 환경에 따라 그 의미가 달라질 수 있음을 보여준다. 2024년 40대 이상의 여성에게 토요일은 안정된 사회적 관계와 자율성을 확보하는 재충전의 시간이었을 가능성이 있다. 반면 젊은 여성에게는 자율성과 관계 욕구가 충분히 충족되지 못한 날이 됐을 수 있다. 따라서 주말이 진정한 회복의 시간이 되기 위해서는 개인이 자율성과 관계 욕구를 균형 있게 충족할 수 있도록 환경적 조성과 사회적 지원이 필요함을 시사한다.

자율적으로 시간을 활용할 여유가 부족하거나, 기대되는 사회적 활동이 부담으로 작용할 경우, 토요일은 오히려 스트레스가 증가하는 시간이 될 수 있다.

앞서 우리는 행복 수준이 연령과 성별에 따라 차이를 보인다는 점을 확인했다. 청년층보다는 노년층이, 여성보다는 남성이 상대적으로 더 높은 행복을 경험하는 경향을 보였다. 이제 성별과 연령을 함께 고려하여 2024년 대한민국에서 가장 행복한 사람이 누구였는지를 분석해보았다.

> **남성과 여성의 행복 격차, 청춘에선 크고 노년에선 사라진다**

그래프 27 은 2024년 성별과 연령에 따른 안녕지수를 보여준다. 남성의 안녕지수는 10대에서 낙관적인 출발을 보인 후, 20대부터 40대까지 하락하다가 반등하여 60대 이상에서 최고점을 기록하는 U자형 패턴을 나타냈다. 반면 여성의 안녕지수는 10대에서 소폭 감소한 후 20대에서 최저점을 기록한 뒤 점진적으로 상승하여 60대 이상에서 정점에 도달하는 J자형 패턴을 보였다. 특히 10대부터 40대 여성의 안녕지수는 전체 평균(5.42점)보다 낮았을 뿐만 아니라, 남성의 최저 안녕지수보다도 더 낮은 수준으로 나타났다. 그중에서도 20대 여성은 모든 성별과 연령을 통틀어 2024년 대한민국에서 가장 낮은 행복감을 경험한 집단으로 확인됐다.

남성과 여성 간 가장 두드러진 격차는 10대에서 관찰됐다. 특히 삶의 만족과 삶의 의미에서 남녀 차이가 뚜렷했으며(그래프 28), 10대 남성은 모든 연령대 중 가장 높은 만족감을 경험한 것으로 나타났다. 또한 의미 역시 60대 이상의 남성과 유사한 수준으로 인식하는 경향을 보였다. 대한민국 전체적으로 볼 때, 60대 이상이 가장 높은 안

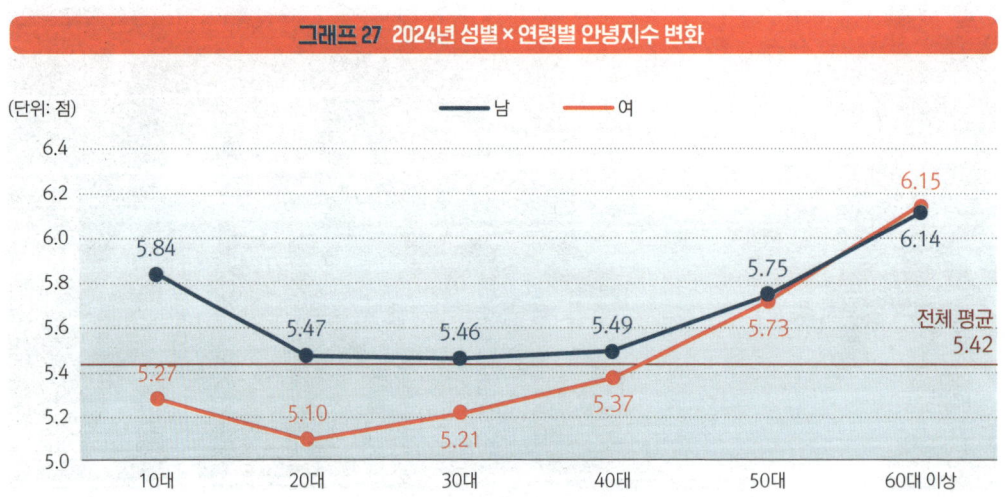

그래프 27 2024년 성별 × 연령별 안녕지수 변화

10대 남성과 여성 간의 안녕지수 격차는 연령이 증가할수록 점차 줄어드는 모습을 보였다.

녕감을 누렸으며, 10대는 상대적으로 낮은 긍정적 심리 경험과 높은 부정적 심리 경험을 보고했다. 그러나 이러한 경향은 주로 10대 여성에게 해당됐으며, 10대 남성은 오히려 지속적으로 높은 수준의 안녕감을 유지하는 것으로 확인됐다.

다행히도 10대 남성과 여성 간의 안녕지수 격차는 연령이 증가할수록 점차 줄어드는 모습을 보였다. 이는 20대 이후 여성의 안녕지수가 꾸준히 상승하면서, 60대 이상에서는 남성과 유사한 수준에 이르는 것으로 보인다. 특히 안녕지수의 하위 지표 중에서도 남성과 여성 간 점수가 상대적으로 빠르게 수렴한 항목이 있었다.

대표적으로 지루함과 짜증 경험에서 이러한 변화가 두드러졌다. 10대부터 30대까지 남성은 여성보다 지루함과 짜증을 덜 경험하는 경향을 보였으나, 지루함의 성별 격차는 30대 초반(그래프 28)에, 짜증의 성별 격차는 40대 초반(그래프 29)에 좁혀졌으며, 이후에는 오히려 패턴이 역전됐다. 즉 40대 이후부터는 오히려 남성이 여성보다 지루함과 짜증을 더 경험하는 경향을 보인 것이다. 이는 여성의 행복감이 상대적으로 낮은 출발점에서 시작했지만, 연령이 증가함에 따라 점진적으로 향상되며, 인생의 후반부에 이르면 남성과 유사한 수준에 도달하거나, 오히려 더욱 균형 잡힌 감정과 생동감을 바탕으로 삶을 향유할 수 있음을 보여준다.

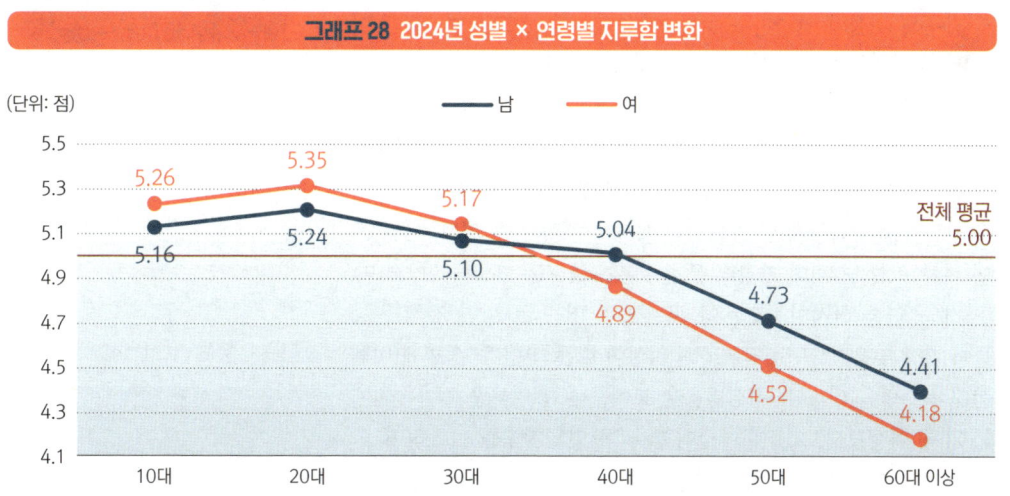

그래프 28 2024년 성별 × 연령별 지루함 변화

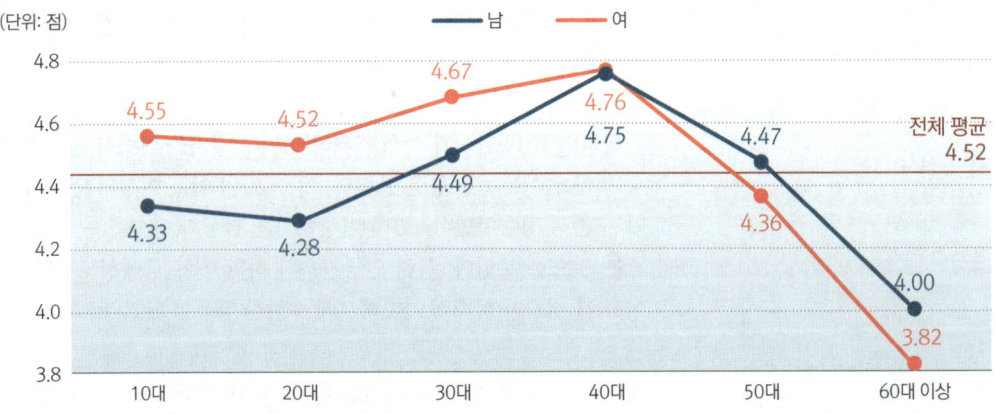

연령과 성별에 따라 안녕지수가 다르게 나타나는 것은 이미 확인된 바 있지만, 월별 변화를 고려하면 더욱 흥미로운 패턴이 드러난다. 한 해의 흐름 속에서, 남성과 여성의 안녕지수는 마치 계절의 온도처럼 미묘하게 상승하고 하강했다. 연초(1·2월)에는 전반적인 연령대에서 성별 격차가 두드러졌지만, 5월 전후로 남녀 간 차이가 줄어드는 양상을 보였다. 이는 앞서 언급한 바와 같이 가정의 달로 인해 가족 간 교류가 활발해지고, 사회적 유대가 강화되는 시기적 특성과 관련될 가능성이 있다. 그러나 이러한 행복감이 연중 지속된 것은 아니었다. 여름철(7·9월)에는 특히 20대부터 40대 여성의 안녕지수가 감소하며, 남성과의 격차가 다시 확대됐다. 하지만 연말(11·12월)로 갈수록 여성의 안녕지수는 회복되는 경향을 보였으며, 40대 이상에서는 남녀 간 격차가 거의 사라지는 패턴이 나타났다.

가장 행복한 순간은 언제 누구에게 찾아왔을까?

연령대별로 보면, 10대는 2월, 9월, 10월에 안녕지수가 상대적으로 낮았다. 정확한 이유는 알 수 없지만, 3월 첫 모의고사 일정과 11월 수능을 앞둔 심리적 부담이 반영된 것으로 해석될 수 있다. 반면 20대 여성은 일 년 내내 가장 낮은 안녕지수를 기록한 집단이었으며, 8월에는 연중 최저치(4.87점)에 도달했다. 이는 2024년 전체를 통틀어 가장 낮은 안녕지수로, 20대 여성이 다른 연령 및 성별에 비해 심리적 부담을 더 크게 경험했음을 보여준다. 흥미로운 점은 9월에는 20대 여성보다도 10대 여성이 더 낮은 안녕지수를 기록하며, 올해 가장 어려운 시기를 겪은 집단으로 나타났다는 것이다. 반면 남이는 2024년 전체를 통틀어 가장 낮은 안녕지수로, 20대 여성이 다른 연령 및 성별에 비해 오랜 기간 동안 심리적 부담을 더 크게 경험했음을 보여준다.

성의 경우 연령별 변동성이 가장 컸던 집단은 50대였다. 1월에는 5.02점으로 2024년 남성 중 가장 낮은 안녕지수를 보였지만, 6월에는 손꼽히는 높은 점수(6.24점)를 기록하며 극적인 변화를 보였다. 60대 남성은 연중 가장 높은 안녕지수를 기록한 그룹이었으나, 특정 시기에는 10대 남성이 이를 상회하는 모습을 보이기도 했다. 또한 계절이 바뀌는 3월, 6월, 9월에는 60대 이상 여성의 안녕지수가 동년배 남성보다 평균 0.4점 이상 높게 나타났다.

연령대별 행복의 정점을 살펴보면, 남성은 10대부터 40대에서 연초(3월)와 연말(12월), 50대는 6월, 60대 이상은 2월, 4월, 9월에 가장 높은 행복감을 경험했다. 반면 여성은 10·20·30대에서 연말(12월), 40·50대에서 여름(6월), 60대 이상은 9월에 가장 행복했다. 특히 9월의 60대 이상 여성은 2024년 대한민국에서 가장 높은 행복감을 경험한 집단으로 나타났다. 즉 남성은 비교적 활동성이 높은 연초와 연말에, 여성은 여름과 연말에 행복감이 극대화되는 경향을 보였다. 이는 개인의 특성뿐만 아니라, 사회적 및 계절적 요인이 결합되어 행복 수준이 유동적으로 변화함을 보여준다.

그래프 30   2024년 1월부터 12월까지의 성별 × 연령별 안녕지수 평균

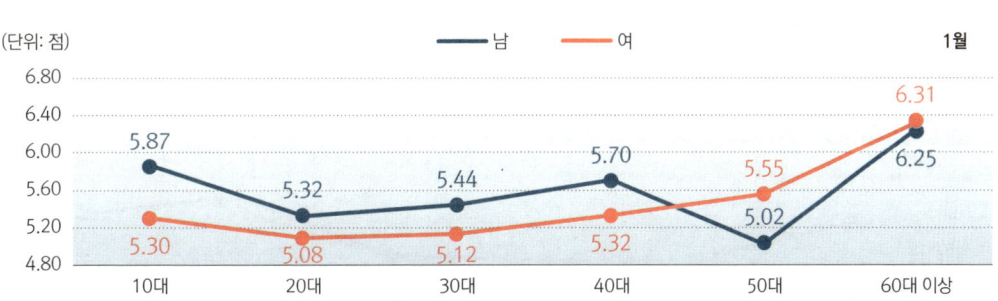

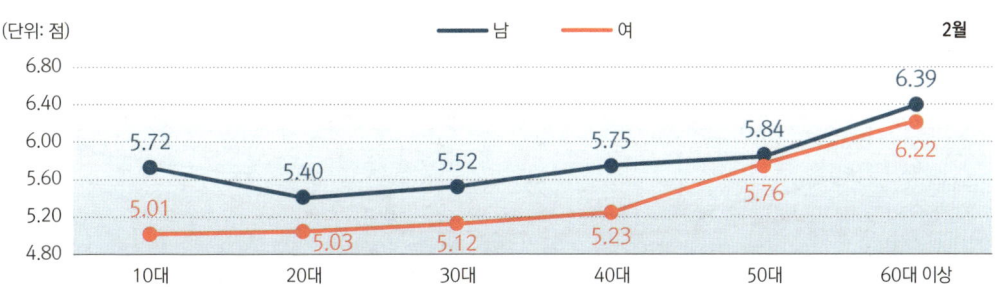

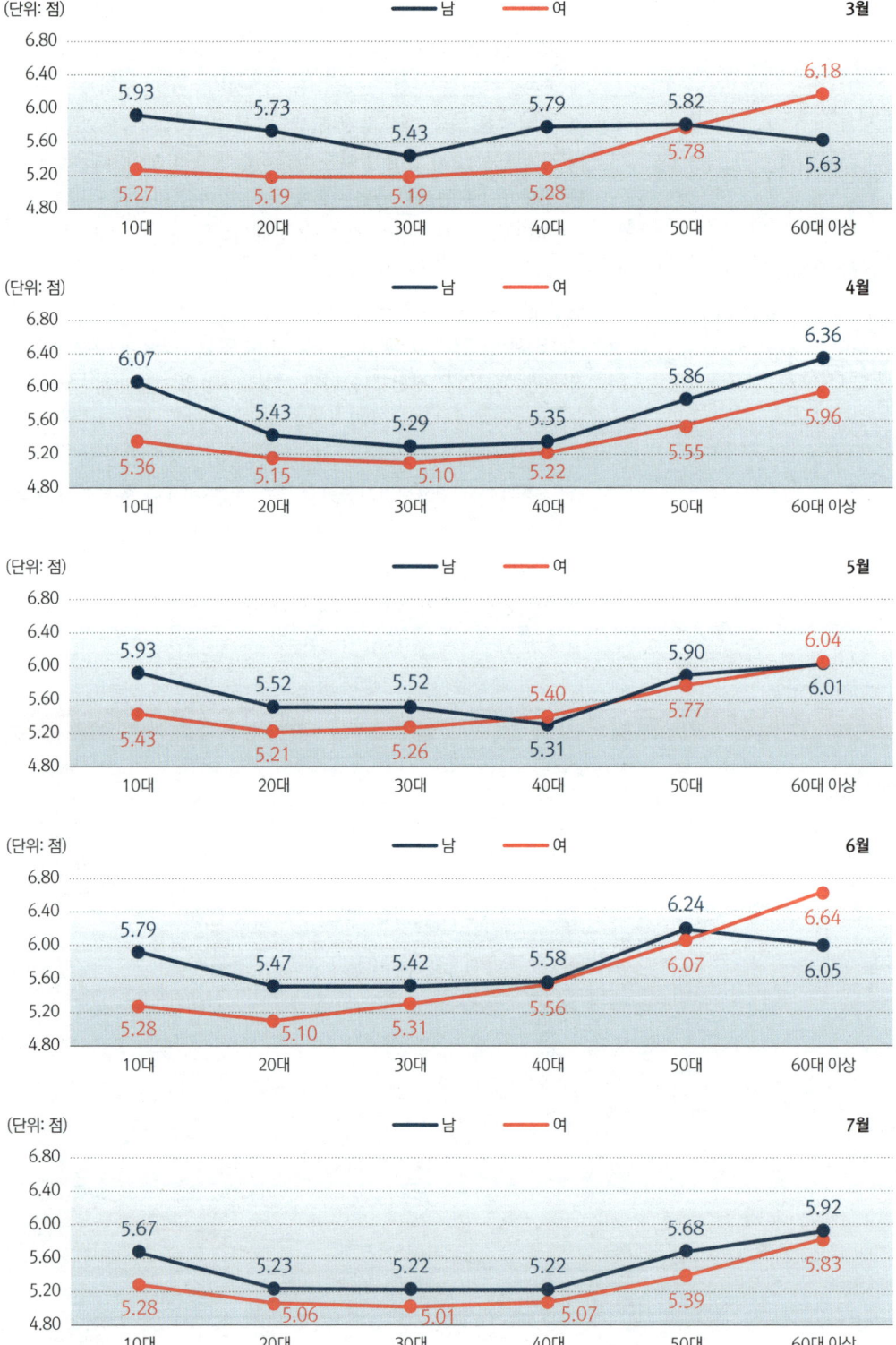

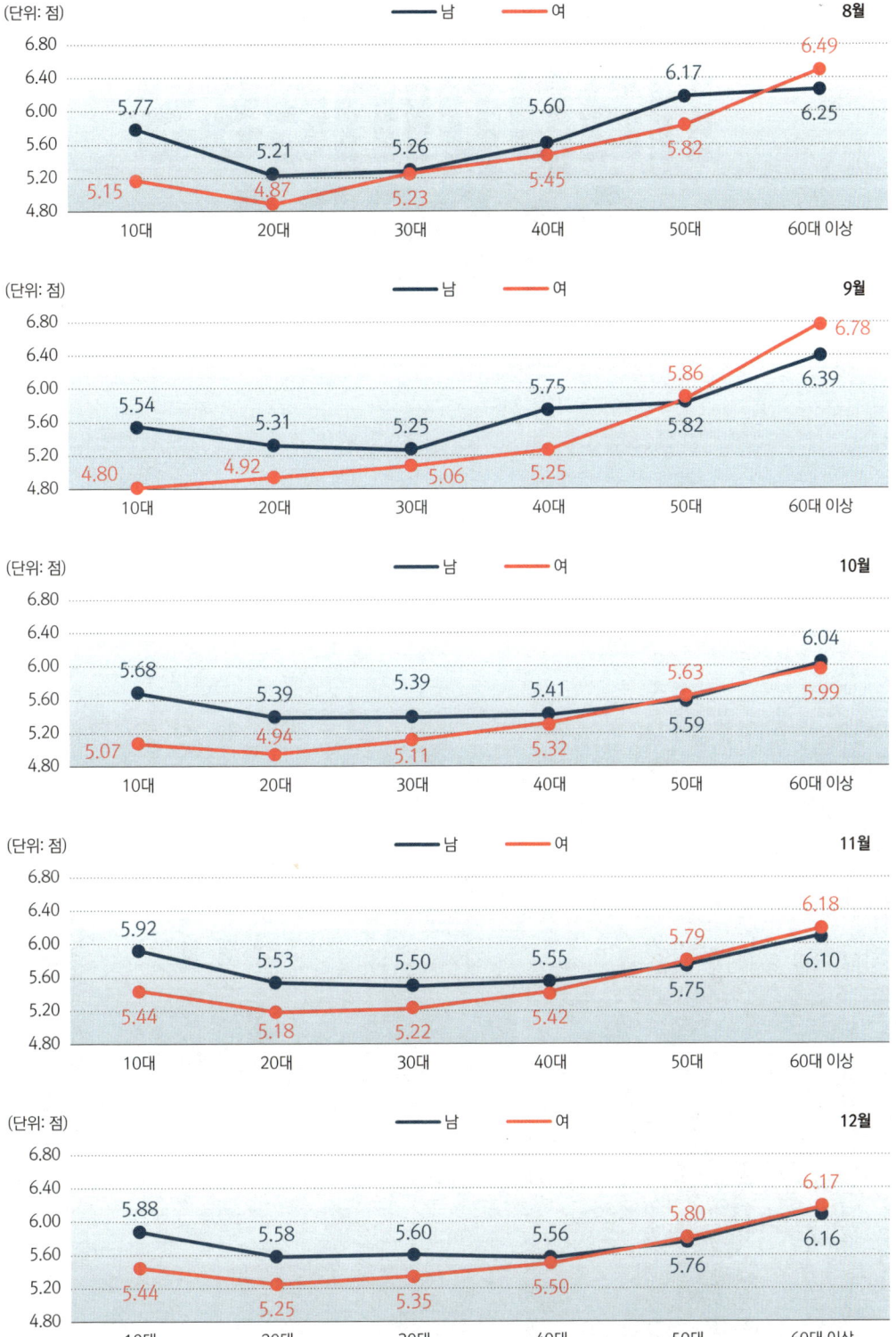

KOREA HAPPINESS REPORT 2025

Happiness in 2024

대한민국 행복지도 2025

Keyword 4

어떤 지역이 가장 행복했을까?
대한민국 지역별 안녕지수

2024년은 일상 회복과 함께 행복도 회복됐던 한 해였다. 해외 지역 거주자를 제외한 총 17개 지역에 거주하고 있는 사람들의 안녕지수를 비교하여 2024년 지역별 행복은 어떠했는지 살펴보았다.

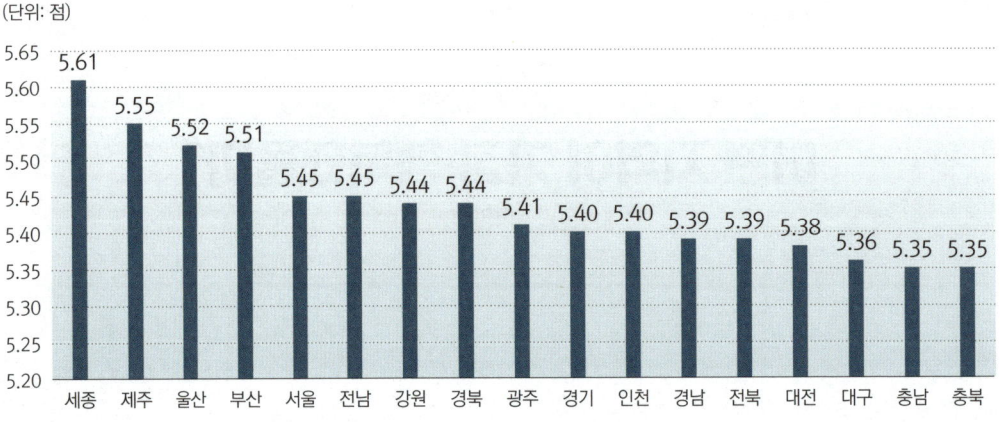

그래프 31 2024년도 지역별 안녕지수 점수

해외 지역 거주자를 제외한 총 17개 지역에 거주하고 있는 사람들의 행복을 비교한 결과, 2024년 가장 행복한 곳은 세종특별자치시로 나타났다(그래프31). 세종특별자치시는 2018년부터 올해 2024년까지 7년간 꾸준하게 가장 행복한 지역 1위 자리를 지키고 있다. 단순히 순위만 높은 것이 아니라, 안녕지수의 평균 점수만 놓고 봐도 상승과 하락이 다소 있지만 과거에 비해 지속적으로 상승하는 추세를 보이고 있다. 전체 안녕지수 외에도 삶의 만족도, 삶의 의미, 긍정적인 정서 모두 전반적으로 가장 높게 나타났다. 세종특별자치시 다음으로 행복한 곳은 제주특별자치도였다. 제주특별자치도의 행복 점수는 5.55점으로 전체 평균 5.42점보다 0.13점 더 높게 나타났다. 0.13점의 차이가 작게 느껴질 수도 있지만, 2018년부터 2023년까지의 6개년 동안 주말과 주중 간의 평균 안녕지수 차이가 0.07점이었다는 점을 고려해보면, 이는 주말보다 약 1.85배 더 큰 행복을 경험한 것이라 볼 수 있다.

2024년 가장 행복 점수가 낮은 지역은 충청도였다. 충청북도와 충청남도의 행복 점수는 각각 5.35점으로, 전국 평균보다 약 0.07점 낮게 나타났다. 앞서 살펴본 주말과 주중 간 행복 격차가 0.07점이라는 점을 감안하면, 충청도에 거주하고 있는 사람들은 매일을 주중 수준의 행복으로 살아가고 있다고 볼 수 있다. 그러나 이러한 결과만으로 충청도 지역 거주민들이 가장 행복하지 않다고 결론을 내릴

> 세종특별자치시는 2018년부터 올해 2024년까지 7년간 꾸준하게 가장 행복한 지역 1위 자리를 지키고 있다

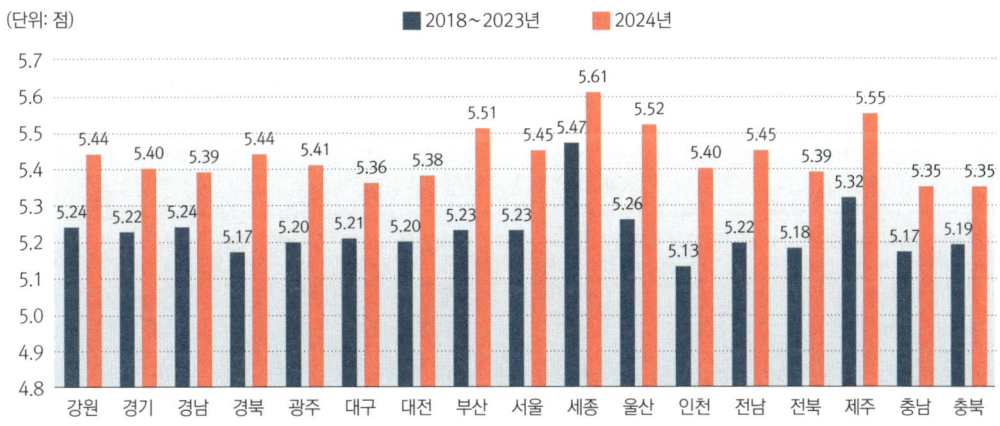

그래프 32 지역별 이전 6개년 평균과 2024년 안녕지수 평균 비교

2024년 가장 행복 점수가 낮은 지역은 충청도였다.

수는 없다. 각 지역 내 하위 지역에 따라 안녕지수에 차이가 있을 수도 있기 때문이다. 한 해 동안의 지역별 안녕지수 절대값보다 이전에 비해 어떻게 변했는지, 그리고 변동폭은 어떠했는지 살펴보는 것이 더 중요하다.

2018년부터 2023년까지의 6개년 지역별 평균과 2024년의 안녕지수 평균을 비교한 결과(그래프 32), 전국 17개 모든 지역에서 안녕지수가 상승한 것으로 나타났다. 상승 폭은 적게는 0.14점부터 많게는 0.28점까지, 전 지역에서 행복 수준이 높아졌다는 점은 매우 고무적이다. 가장 큰 폭으로 상승한 지역은 부산광역시(0.28점), 경상북도(0.27점), 인천광역시(0.27점), 울산광역시(0.26점)로 나타났다. 가장 적게 상승한 지역은 세종특별자치시로, 상승 폭은 0.14점에 머물렀다. 비록 상승 폭은 작았지만, 2018년부터 2023년까지 안녕지수가 가장 높았던 지역임에도 2024년에 다시 상승했다는 점에 주목할 필요가 있다.

세종특별자치시처럼 안녕지수 순위가 크게 변하지 않는 지역도 있지만, 많은 지역에서는 해마다 순위 변동이 나타난다. 이러한 지역별 행복 순위의 변화를 더 자세히 살펴보기 위해 2018년부터 2024년까지의 순위 변동폭을 비교했다. 순위의 변동폭은 표준편차(standard deviation)를 통해 측정했으며, 표준편차는 각 값이 평균으

표 1 지난 7년간 17개 지역별 안녕지수와 각 연도 내 순위 비교

지역	2018년 순위	2018년 안녕지수	2019년 순위	2019년 안녕지수	2020년 순위	2020년 안녕지수	2021년 순위	2021년 안녕지수	2022년 순위	2022년 안녕지수	2023년 순위	2023년 안녕지수	2024년 순위	2024년 안녕지수
강원	5	5.26	5	5.22	12	5.15	3	5.33	4	5.26	3	5.48	7	5.44
경기	9	5.22	7	5.21	8	5.17	10	5.28	10	5.23	9	5.39	10	5.40
경남	4	5.26	4	5.22	7	5.18	6	5.29	8	5.23	15	5.30	12	5.39
경북	7	5.23	15	5.15	16	5.11	16	5.2	14	5.18	5	5.44	8	5.44
광주	11	5.21	11	5.17	9	5.16	13	5.26	11	5.23	12	5.37	9	5.41
대구	10	5.21	10	5.17	13	5.15	9	5.28	6	5.24	6	5.42	15	5.36
대전	12	5.21	9	5.18	11	5.15	14	5.26	12	5.19	17	5.24	14	5.38
부산	8	5.23	8	5.20	6	5.18	7	5.29	5	5.26	7	5.40	4	5.51
서울	13	5.21	6	5.22	5	5.18	4	5.30	3	5.28	8	5.40	6	5.45
세종	1	5.43	1	5.42	1	5.58	1	5.43	1	5.50	1	5.61	1	5.72
울산	3	5.28	3	5.23	3	5.21	2	5.33	7	5.24	11	5.38	3	5.52
인천	17	5.15	17	5.12	17	5.07	17	5.17	17	5.14	13	5.34	11	5.40
전남	6	5.24	13	5.16	4	5.19	11	5.27	9	5.23	10	5.38	5	5.45
전북	15	5.19	16	5.13	15	5.12	12	5.27	13	5.18	4	5.46	13	5.39
제주	2	5.33	2	5.26	2	5.39	5	5.29	2	5.36	2	5.55	2	5.69
충남	14	5.20	14	5.15	14	5.12	15	5.22	16	5.15	14	5.31	16	5.35
충북	16	5.19	12	5.17	10	5.15	8	5.29	15	5.17	16	5.25	17	5.35

로부터 얼마나 떨어져 있는지를 나타내는 지표이다. 지역별 순위의 표준편차가 클수록 해당 지역의 행복 순위 변동이 컸음을 의미한다.

그래프 33 에서 볼 수 있듯이, 경북 지역은 순위 변동폭이 가장 큰 것으로 나타났다. 특히 경상북도의 순위 변동이 두드러졌는데, 행복 순위가 가장 높았던 해는 2023년으로, 17개 지역 중 다섯 번째로 높은 안녕지수(5.44점)를 기록했다. 반면 가장 낮았던 해는 2020년과 2021년으로, 두 해 모두 16위를 기록했다(2020년 안녕지수 5.11점, 2021년 5.20점). 특히 코로나19가 처음 확산되던 2020년 초, 대구와 경북 지역을 중심으로 감염이 시작된 점을 고려하면, 경북 지역은 코로나 초기 더욱 힘든 시기를 겪었다고 볼 수 있다.

그래프 33 지역별 안녕지수 순위의 변동폭

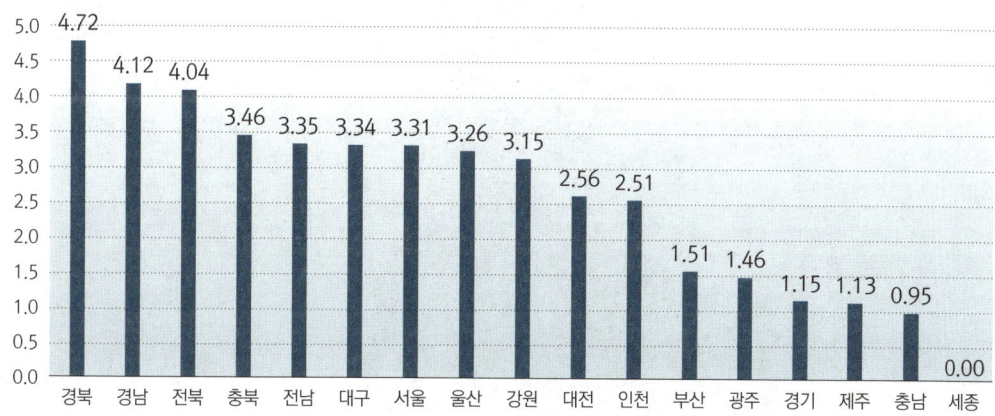

(단위: 표준편차)

경북	경남	전북	충북	전남	대구	서울	울산	강원	대전	인천	부산	광주	경기	제주	충남	세종
4.72	4.12	4.04	3.46	3.35	3.34	3.31	3.26	3.15	2.56	2.51	1.51	1.46	1.15	1.13	0.95	0.00

행복 순위 변동이 가장 적었던 지역은 세종특별자치시였다.

행복 순위 변동이 가장 적었던 지역은 세종특별자치시였다. 2018년부터 2024년까지 매년 1위를 기록하며 순위 변동 없이 안정적으로 최상위권을 유지했으며, 순위 변동폭은 0으로 나타났다. 그다음으로 순위 변동이 적었던 지역은 충청남도로, 하위권에 머물면서도 순위 변화가 거의 없었다. 충청남도의 행복 순위를 살펴보면, 14위를 기록한 해가 4번, 15위 1번, 16위 2번으로 나타났다. 이는 충청남도에 거주하는 사람들의 마음날씨가 대체로 맑지 않은 상태로 일정 기간 지속돼왔음을 보여준다.

Part 02

빅 이벤트는 우리의 행복에 어떤 영향을 미쳤을까?

사회적 사건과 안녕지수

2024년은 다양한 사회적 사건이 있었던 한 해였다. 2024년 7월 27일부터 시작된 파리 하계 올림픽은 '활·총·검·발'로 최고의 성적을 이루면서 국민들을 환호하게 만들었다. 2024년 11월 14일에 치러진 대학수학능력시험은 의대 증원 확대의 영향으로 21년 만에 가장 많은 N수생이 응시한 시험이었다. 한 해의 마지막인 12월에 발생한 비상계엄 선포와 대통령 탄핵 등 2024년 한 해는 그 어느 때보다 굵직굵직한 사건들이 있었다. 이러한 사회적 사건들은 과연 우리의 행복에 얼마나 많은 영향을 미쳤을까?

파리 하계 올림픽은 행복 올림픽이었을까?

2024 파리 하계 올림픽은 한국 시간 기준으로 7월 27일부터 8월 12일까지 16일간 진행됐다. 100년 만에 파리에서 열리는 올림픽인 만큼 사람들의 관심과 기대는 한껏 부풀었다. 그러나 올림픽에 대한 기대만 있었던 것은 아니다. 저탄소, 친환경 올림픽이라는 취지에 따라 선수들은 무더운 날씨 속에서도 에어컨이 없는 숙소에서 생활해야 했고, 채식 위주의 식단이 제공되어 기대만큼 우려도 컸다.

그러나 막상 올림픽이 시작되자 사람들의 걱정은 환호로 바뀌기 시작했다. 대회 1일 차였던 2024년 7월 27일 한국은 사격 공기소총 10m 혼성 경기에서 은메달을 따내며 순조로운 출발을 보였고, 같은 날 펜싱 남자 사브르 개인전에서 오상욱 선수가 첫 금메달을 목에 걸었다. 한국의 효자 종목인 양궁은 5개 전 종목에서 메달을 휩쓸며 압도적인 기량을 선보였고, 특히 여자 양궁은 대회 10연패라는 전무후무한 쾌거를 달성했다. 또한 사격 여자 10m 공기권총에서 은메달을 획득한 김예지 선수는 특유의 무심한 표정과 뛰어난 실력으로 세계적인 주목을 받기도 했다. 이뿐만이 아니었다. 대회 중반을 넘긴 8월 5일 안세영 선수는 무려 28년 만에 배드민턴 여자 단식에서 금메달을 획득했으며, 태권도 종주국인 대한민국 선수들은 남녀 선수들이 나란히 금메달을 차지하는 성과를 올렸다. 대한민국 선수단은 총 32개 메달을 획득하며 종합 순위 8위를 기록했는데, 그야말로 '활·총·검·발'로 역대급 성적이었다. 이러한 기쁜 소식들이 실제로 국민들의 행복에 긍정적인 영향을 미쳤을까?

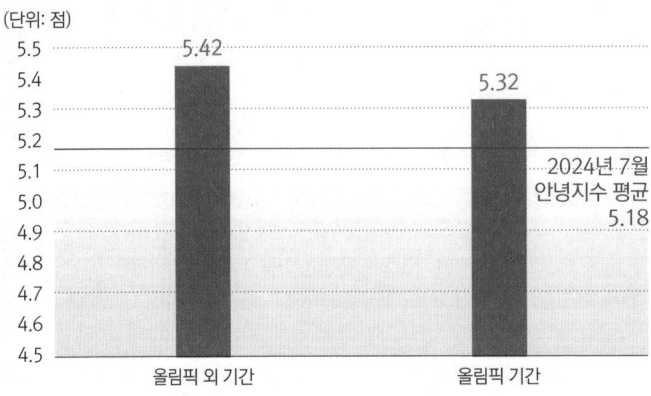

그래프 파리 하계 올림픽 기간과 그 외 기간의 안녕지수 평균

대부분의 연령대가 올림픽 기간 동안 행복을 경험한 반면, 유독 20대는 이러한 행복을 덜 경험한 것으로 나타났다.

파리 하계 올림픽 기간 동안 사람들이 경험한 행복 수준을 확인하기 위해 대회 1일 차부터 16일 차에 해당하는 2024년 7월 27일부터 8월 11일까지 자료를 분석했다. 먼저 파리 하계 올림픽 기간의 안녕지수 평균을 확인한 결과 5.32점으로 나타났다. 올림픽을 제외한 모든 기간 동안 평균값인 5.42와 비교했을 때 다소 낮은 것이 확인됐다. 그러나 2024년 7월 한 달간 안녕지수 평균 점수인 5.18점보다 높다는 것은 파리 하계 올림픽이 '행복 올림픽'이었음을 보여주는 결과라고 볼 수 있다 (그래프1).

특히 누구에게 '행복한 올림픽'이었는지를 확인하기 위해 연령대별 안녕지수를 비교하여 살펴보았다. 그 결과 20대를 제외한 모든 연령대에서 파리 하계 올림픽 기간 동안 더 높은 행복을 경험한 것을 확인할 수 있었다 . 이러한 결과는 파리 하계 올림픽에 대한 국민들의 관심도와 유사한 결과를 보여준다. 올림픽 폐회 직후 만 18세 이상 성인들을 대상으로 실시된 조사에 따르면, 연령대가 높을수록 올림픽에 대한 관심도 또한 증가하는 것으로 나타났다. 우리나라 선수가 출전한 경기를 생중계로 시청한 비율을 살펴보면, 20대는 61%, 30대 63%, 40대 66%, 그리고 50대는 79%에 달했다. 이처럼 대부분의 연령대가 올림픽 기간 동안 행복을 경험한 반면, 유독 20대는 이러한 행복을 덜 경험한 것으로 나타났다.

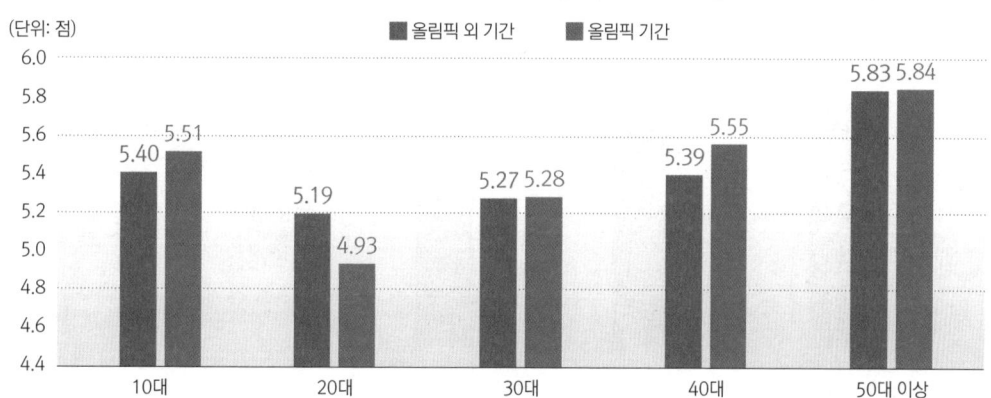

그래프2 연령대별 파리 하계 올림픽 기간과 그 외 기간의 안녕지수 평균

2024 파리 하계 올림픽에서 대한민국 선수단은 13개의 금메달을 포함하여 총 32개의 메달을 획득하며 종합 8위로 대회를 마무리했다. 이는 2008년 베이징 올림픽과 2012년 런던 올림픽에 이어 역대 최다 금메달과 타이를 이루는 기록이다. 지난 2021년에 개최된 2020 도쿄 올림픽에서 대한민국이 금메달 6개, 은메달 4개, 동메달 10개를 기록하며 종합 순위 16위에 머물렀던 것과 비교하면 이번 대회에서는 더 우수한 성과를 이룬 셈이다. 그렇다면 16일간 이어진 파리 하계 올림픽 기간 동안 메달 획득은 사람들의 행복에 어떤 영향을 미쳤을까?

> 메달의 종류에 따라 사람들이 경험하는 즐거움에 차이가 있음을 보여준다.

파리 하계 올림픽이 진행된 16일 기간 동안 금메달을 획득한 날, 은메달 또는 동메달만 획득한 날, 그리고 메달을 전혀 획득하지 못한 날로 구분하여 사람들의 즐거움 평균에 차이가 있는지 살펴보았다. 이 기간 중 금메달을 1개 이상 획득한 날은 10일이었으며, 은메달 또는 동메달만 획득한 날은 3일, 그리고 메달을 획득하지 못한 날은 3일로 나타났다. 메달 획득 여부에 따른 사람들의 즐거움의 평균을 살펴본 결과(그래프 3), 메달을 획득하지 못한 날의 즐거움 평균은 5.05점으로 나타났다. 이는 올림픽 기간 동안 즐거움의 평균인 5.20점에 못 미치는 점수였다. 반면 은메달 또는 동메달만 획득한 날의 즐거움 평균은 5.17점으로, 메달이 없던 날에 비해 조금 더 높은 수준의 즐거움을 경험하고 있는 것으로 나타났다. 금메달을 획득한 날의 평균은 5.25점으로, 은·동메달만 획득한 날보다 0.08점, 메달을 전혀 획득하지 못한 날보다 0.20점 더 높은 수준이었다. 메달의 종류에 따라 사람들이 경험하는 즐거움에 차이가 있음을 보여준다.

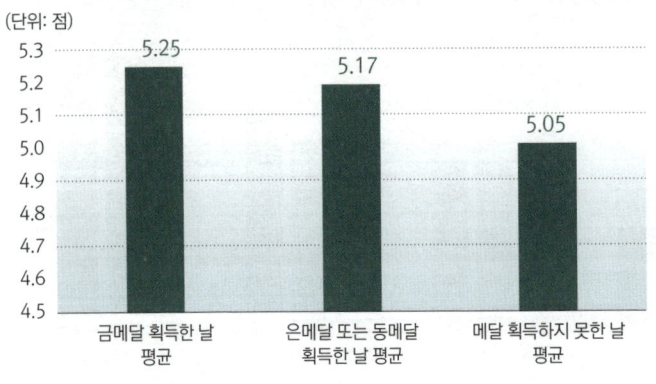

그래프 3 메달을 획득한 날과 그렇지 않은 날의 즐거움 평균

> 대한민국 선수단의 활약과 '불금'이라는 요일 효과가 맞물리면서 사람들은 높은 수준의 즐거움을 경험했고, 이는 그 주말까지 지속적으로 이어졌다.

파리 하계 올림픽 기간 중 사람들의 즐거움이 가장 컸던 날은 8월 4일(일요일)로 나타났다 (그래프 4). 8월 2일(금요일)에는 금메달 1개, 은메달 2개, 동메달 1개 등 총 4개의 메달을 획득하며 상승세를 시작했고, 다음 날인 8월 3일(토요일)에는 금메달 2개, 은메달 2개, 동메달 1개로 올림픽 기간 최다 메달을 기록했다. 대한민국 선수단의 활약과 '불금'이라는 요일 효과가 맞물리면서 사람들은 높은 수준의 즐거움을 경험했고, 이는 그 주말까지 지속적으로 이어졌다.

2024년 7월은 대한민국 행복이 가장 낮았던 한 달이었다. 7월의 1일에는 서울 시청역 인근 교차로에서 차량이 역주행해 9명이 숨지고 5명이 다치는 참변이 발생했다. 사람이 붐비는 도심 한복판에서 벌어진 예상하지 못한 사고는 시민들의 일상에 큰 불안감을 불러일으켰다. 7월 중순에는 시간당 100mm 이상 폭우가 쏟아지는 '극한호우'가 9차례 발생했으며, 각지에서 사망자와 고립자 등 피해가 속출하며 국민적 불안이 더욱 고조됐다. 여기에 더해 7월 18일에는 마이크로소프트(MS)의 윈도우 기반 서비스가 대규모로 중단되면서 항공, 통신, 금융 등이 마비되는 '먹통' 현상이 발생하기도 했다. 이 날은 2024년 전체를 통틀어 불안(평균 5.71점)이 두 번째로 높게 기록된 날이었다. 유난히 다사다난했던 2024년 여름, 파리 하계 올림픽은 몸과 마음이 지친 사람들의 일상과 행복에 작게나마 기여했음을 알 수 있다.

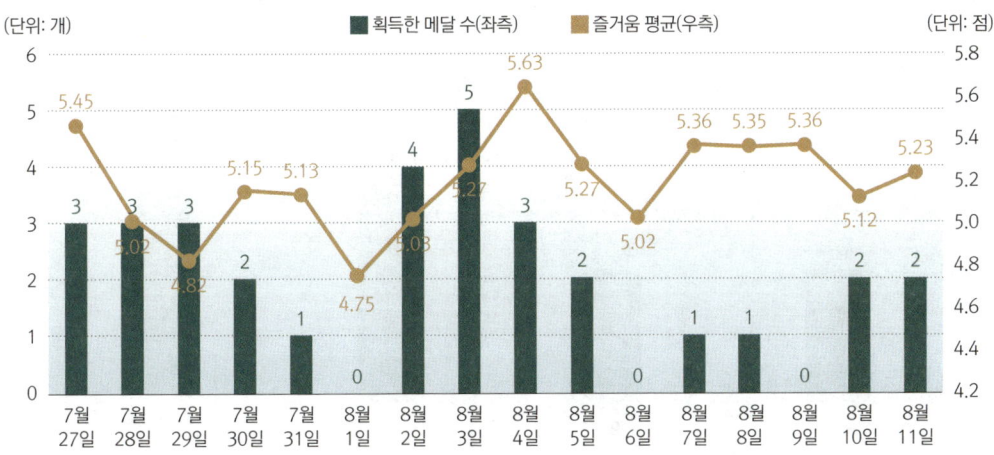

그래프 4 2024년 파리 하계 올림픽 기간 중 일별 메달 수와 즐거움 평균

> 대학수학능력
> 시험은 정말로
> 우리를 우울
> 하게 할까?

2024년 수능 시험일은 11월 14일 목요일이었다. 수능이라는 요인에 더해, 일반적으로 주말보다 낮은 경향을 보이는 평일이라는 요인이 겹치면서 2024년 수능 날의 안녕지수는 상대적으로 낮았을 것이라고 예상할 수 있다. 그래프 5 에서 볼 수 있듯이, 11월 중 목요일의 안녕지수 평균을 살펴본 결과, 수능 일주일 전 목요일의 평균은 4.952점, 수능 당일은 4.949점으로 모두 낮은 수준을 보였다. 반면 수능 시험이 종료된 다음 주부터는 안녕지수가 점차 회복되어 11월 전체 평균과 유사한 수준을 나타냈으며(평균 5.50점), 11월 마지막 주에는 5.70점으로 11월 전체 평균인 5.48점보다 0.22점 더 높은 수치를 기록했다.

2025학년도 수능 시험 응시자는 총 52만 2,670명으로, 2023년에 실시된 2024학년도 수능 응시자 수인 50만 4,588명에 비해 약 1만 8,000명이 증가했다(그래프 6). 이는 최근 4년간 가장 큰 폭의 증가다. 특히 졸업생을 포함한 재수생 등의 응시자 수가 눈에 띄게 증가했다. 2025학년도 수능에 응시한 졸업생 지원자는 18만 1,893명으로 전체 응시자의 약 34.80%를 차지한다. 이는 2024학년도 졸업생 응시 비율(35.26%)보다 소폭 감소한 수치이지만, 절대 인원으로는 지난해 17만 7,942명 대비 3,951명이 증가한 것이다.

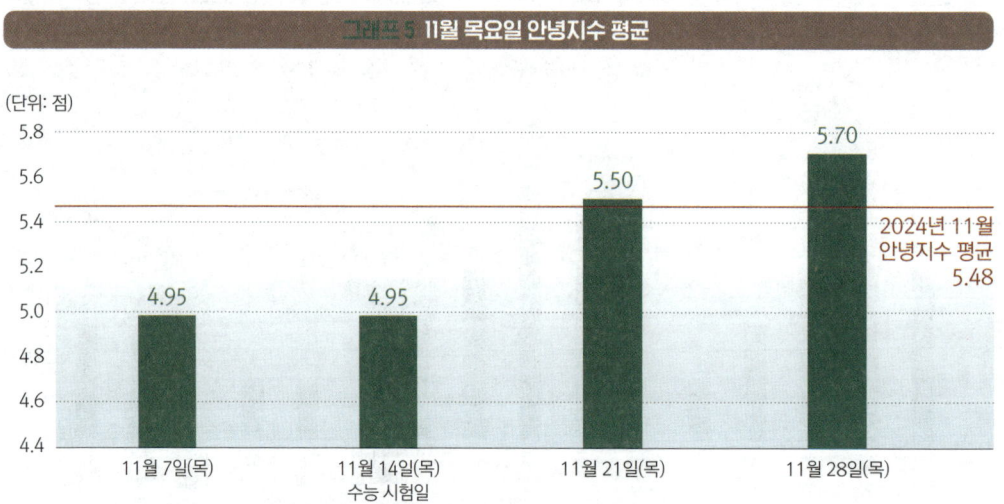

그래프 5 11월 목요일 안녕지수 평균

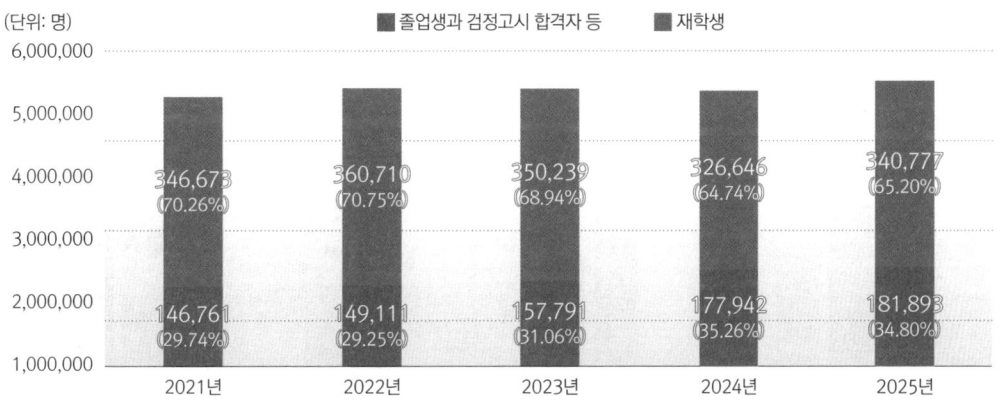

최근 5년간 수능 응시자 수 및 재수생 비율 변화

> 2025학년도에는 의대 정원이 약 50% 늘어나면서, 이른바 'N수생' 응시자 수가 21년 만에 최다치를 기록했다.

이러한 응시자 수 증가 현상은 2025학년도 의대 정원 확대와 같은 입시 환경의 변화에서 그 실마리를 찾아볼 수 있다. 2025학년도에는 의대 정원이 약 50% 늘어나면서, 이른바 'N수생' 응시자 수가 21년 만에 최다치를 기록했다. 이에 2025학년도 수능은 10대 수험생뿐만 아니라 20대 청년들에게도 관심사로 부상했다. 실제로 2024학년도 수능이 종료된 후 실시된 한 조사에 따르면, 수험생 중 약 40%가 다음 해인 2025년 수능에 재도전을 고려하고 있다고 응답한 것으로 나타났다(김미경, 2023. 12. 13).

그렇다면 수능 시험이 초래한 행복의 하락은 10대뿐만 아니라 20대 청년층에도 영향을 미쳤을까? 이를 확인하기 위해 수능 당일과 11월 목요일 안녕지수 평균을 연령대로 나누어 살펴보았다(그래프 7). 그 결과 10대의 경우 수능 당일 안녕지수 평균은 4.70점으로, 이는 11월 목요일 평균인 5.82점 대비 약 19.24% 감소한 것으로 나타났다. 20대 역시 수능 당일에 안녕지수가 감소했으며, 11월 목표일 평균 대비 약 9.86% 낮은 4.67점을 기록했다. 이는 10대의 감소 폭보다는 작지만 결코 무시할 수 없는 수준의 하락이었다.

또한 30대와 40대 이상 연령층에서도 수능 당일 행복이 다소 낮아지는 경향이 관찰됐다. 30대는 약 5.72%, 40대 이상은 약 5.48% 행복이 감소한 것으로 나타났다. 이는 수능 시험일이 단지 수험생 개인에게만 영향을 미치는 날이 아니라, 10대와 20대 자녀를 둔 부모 세대의 행복에도 영향을 미쳤을 시사한다.

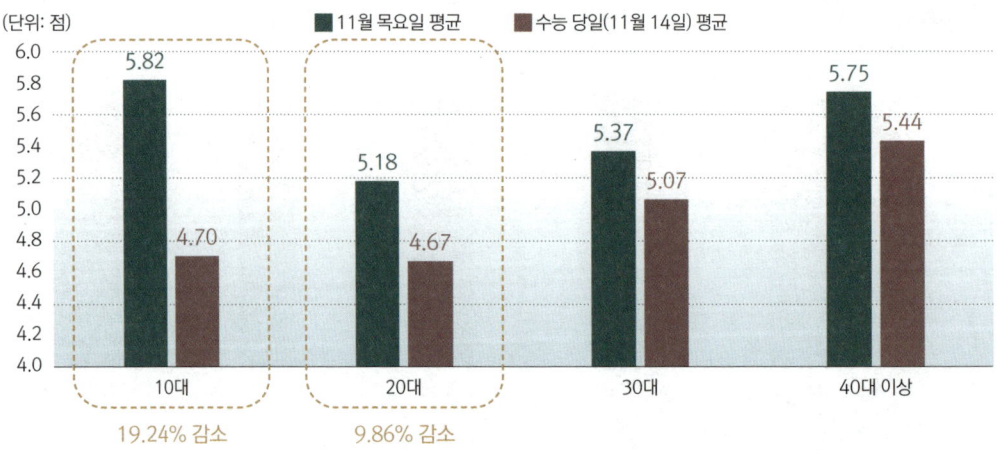

2024년 12월 3일 오후 10시 27분, 대한민국에 비상계엄이 선포됐다. 이는 1979년 이후 45년 만의 일이다. 12월 4일 오전 1시 1분, 국회는 비상계엄 해제 요구 결의안을 가결했고, 오전 4시 30분에는 국무회의에서 비상계엄 해제안이 의결됐다. 비상계엄이 선포된 그 주의 토요일인 12월 7일, 대통령 탄핵소추안이 발의됐으나 국회에서 의결 정족수를 충족하지 못해 부결됐다. 이후 일주일 만인 12월 14일 토요일, 두 번째 탄핵소추안이 국회를 통과하며 대통령 탄핵 심판이 시작됐다.

비상계엄 선포와 대통령 탄핵 절차는 사회 전반에 큰 혼란을 야기했다. 비상계엄 선포 직후인 12월 3일부터 8일까지의 빅데이터 분석 결과에 따르면, '혼란', '위기', '불안' 등 부정적 인식이 전체 84%에 달하는 것으로 나타났다(배종찬, 2024. 12. 9). 비상계엄과 탄핵 정국의 여파는 경제 부문에서 가장 먼저 감지됐다. 비상계엄 선포 전날인 12월 2일 원/달러 환율은 1,401원이었으나, 12월 9일에는 1,437원으로 전주 대비 36원 상승했다(그래프 8). 이후 환율은 꾸준히 상승하여 12월 30일에는 1,472원을 기록했다. 이는 금융위기 시기를 제외하면 보기 드문 상승이다.

> 비상계엄과 대통령 탄핵은 우리의 행복에 어떤 영향을 미쳤을까?

> 사회경제적 충격과 더불어 비상계엄은 사람들의 정신건강도 위협할 수 있다는 점에서 그 여파는 더욱 클 것으로 예상된다.

사회경제적 충격과 더불어 비상계엄은 사람들의 정신건강도 위협할 수 있다는 점에서 그 여파는 더욱 클 것으로 예상된다. 실제로 2021년 2월 1일 미얀마에서 발생한 군사 쿠데타는 이러한 영향을 분명하게 보여준다. 2020년 11월 총선 결과에 불복한 군부에 의해 발생한 이 쿠데타는 2024년 한국과 달리 성공한 쿠데타였다. 이후 4년 넘게 내전이 지속되며 이로 인한 시민들의 고통은 장기화되고 있다. 경제난과 식량난이라는 이중고 속에서 정신건강의 악화 또한 심각하게 나타났다. Saw 등(2023)은 미얀마 쿠데타가 사람들의 정신건강에 부정적인 영향을 미쳤음을 보고했다. 구체적으로 미얀마 사람들 가운데 60.71%가 불안과 우울을 경험하고 있으며, 쿠데타 발생 전에 비해 정신병적 경향성 역시 증가한 것으로 나타났다(Nay Nay Win, Zheng, & Chen, 2022).

쿠데타의 부정적 영향은 스페인의 사례에서도 확인할 수 있다. 1981년 2월 23일, 스페인 군부에 의해 발생한 쿠데타(23-F)는 약 18시간 만에 실패로 끝났지만, 그 충격은 미래 세대에게도 지워지지 않는 상처를 남겼다. Aparicio Fenoll과 González(2021)는 쿠데타가 발생하기 전인 1980년과 쿠데타가 발생한 1981년에 출생한 74만 2,155명의 신생아를 비교한 결과, 엄마 뱃속에서 쿠데타를 경험한 아기들의 체중이 약 8g 더 적은 것을 확인했다. 특히 과거 프랑코 독재정권(1939~1975년) 시기 집단 암매장지가 존재하는 마드리드와 발렌시아 지역에서는 신생아의 출생 체중 감소폭이 24~38g로 더 크게 나타났다. 이는 독재정권 하에서 가족이나 지인이 처형당한 경험이 있는 사람들이 쿠데타 당시 더 큰 공포와 스트레스를 경험했고, 이로 인해 태아 건강에 부정적인 영향을 미쳤을 수 있다는 보여준다. 쿠데타의 여파는 여기서 끝나지 않았다. 2019년, 쿠데타 이후 태어난 아이들을 추적 조사한 결과, 고등학교 졸업률과 노동시장 참여율이 더 낮게 나타났다. 1981년의 단 하루, 18시간 남짓한 쿠데타 경험은 무려 38년이 지난 후에도 여전히 영향을 미치고 있었던 것이다.

> 2024년 대한민국의 비상계엄과 대통령 탄핵은 사람들의 심리적 지형에 어떤 흔적을 남겼을까?

미얀마와 스페인의 사례는 결코 우리에게 낯설지 않다. 그렇다면 2024년 대한민국의 비상계엄과 대통령 탄핵은 사람들의 심리적 지형에 어떤 흔적을 남겼을까? 비상계엄이 선포된 2024년 12월 첫째 주부터 2025년 3월 9일까지 수집된 총 30만 5,646건의 자료를 통해 14주 동안 사람들의 마음에 남긴 자취를 살펴보았다.

그래프 8   원/달러 환율의 변동 추이

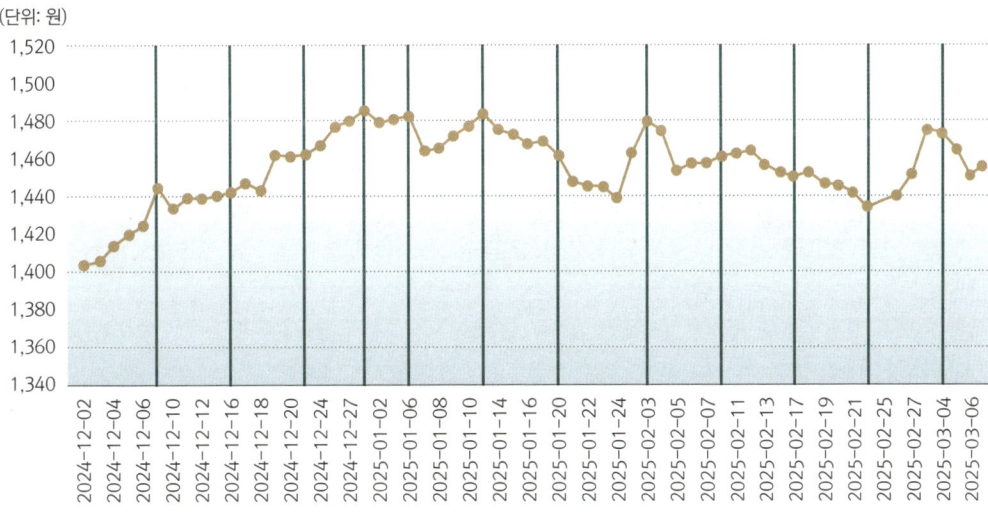

주: 세로선은 월요일을 나타냄.

비상계엄과 탄핵이 진행된 14주 동안 사람의 부정적 감정에 미치는 영향을 다섯 가지 지표를 통해 살펴보고자 한다. 분석에 사용된 지표는 부정 감정지수, 스트레스, 짜증, 우울, 불안이다. 이 중 부정 감정지수는 나머지 네 개의 개별 지표의 평균값을 통해 산출했으며, 점수가 높을수록 사람들이 더 강한 부정적 감정을 경험했음을 의미한다. 주별 부정 감정지수를 살펴본 결과(그래프 9), 몇 차례 상승과 하락이 반복되는 양상이 나타났다. 주요 사건별로 부정 감정지수가 어떻게 변화했는지 살펴보면 다음과 같다.

- 12월 1주~12월 2주: 비상계엄이 선포되고 1차 탄핵소추안이 부결된 12월 1주에 부정 감정지수가 가장 높게 나타났다. 반면 2차 탄핵소추안이 가결된 12월 2주에는 전주 대비 약 4.46% 감소한 4.71점을 기록했다.

- 1월 1주~1월 3주: 12월 말까지 부정 감정지수는 큰 변동 없이 유지되는 양상이었으나, 1월 3일 대통령 체포영장 집행이 실패한 1월 1주에 부정적 감정은 다소 상승했다. 이후 1월 15일 체포영장이 집행된 1월 3주에는 다시 감소하는 양상이 발견됐다.

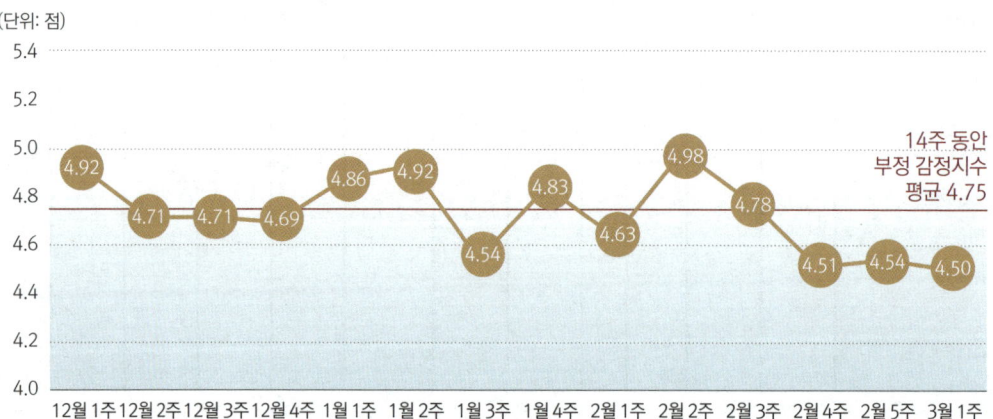

그래프 9 **2024년 비상계엄 이후 14주간 부정 감정지수의 주별 평균**

- 1월 4주: 1월 19일 일요일 새벽 서부지법 폭동 이후, 그다음 주인 1월 4주에 부정 감정지수는 다시 상승했다.

- 2월 1주~2월 2주: 1월 27일부터 1월 30일까지 설 연휴 기간 동안 부정적 감정이 소폭 감소했으나, 2월 4일 대통령 구속 취소 청구가 이루어진 2월 2주에는 다시 상승하는 양상이 나타났다.

부정 감정지수를 구성하는 개별 지표를 살펴보면, 14주 동안 스트레스(표준편차 2.70점)보다 불안(표준편차 3.01점), 우울(표준편차 2.92점), 짜증(표준편차 2.89점)의 변동폭이 상대적으로 더 크게 나타났다. 앞선 파트에서 이미 살펴보았듯이, 스트레스는 다른 지표들에 비해 꾸준히 높은 수준을 유지하고 있어, 상대적으로 변화폭이 작게 나타났을 가능성이 있다. 그러나 스트레스가 가장 낮았던 주(2월 4주)와 가장 높았던 주(12월 1주)를 비교했을 때 스트레스 수준은 약 8.10% 더 높았으며, 이는 결코 무시할 수 없는 변화임을 시사한다.

12월 1주부터 3월 1주까지 14주 동안 사람들이 경험한 부정 감정에 다소 차이가 있는 것으로 나타났다(그래프 10). 먼저 스트레스의 경우, 비상계엄 선포와 1차 대통령 탄핵소추안이 부결된 12월 1주(스트레스 평균 6.11점)에 가장 높게 나타났다. 반면 불안(4.78점), 우울(평균 4.52점), 그리고 짜증(평균 4.68점)은 모두 2월 2주에 최고치를 기록했으며, 이 시기는 대통령 구속 취소 청구가 있었던 시기였다. 또

> 스트레스보다
> 불안, 우울, 짜증의
> 변동폭이
> 상대적으로 더 크게
> 나타났다.

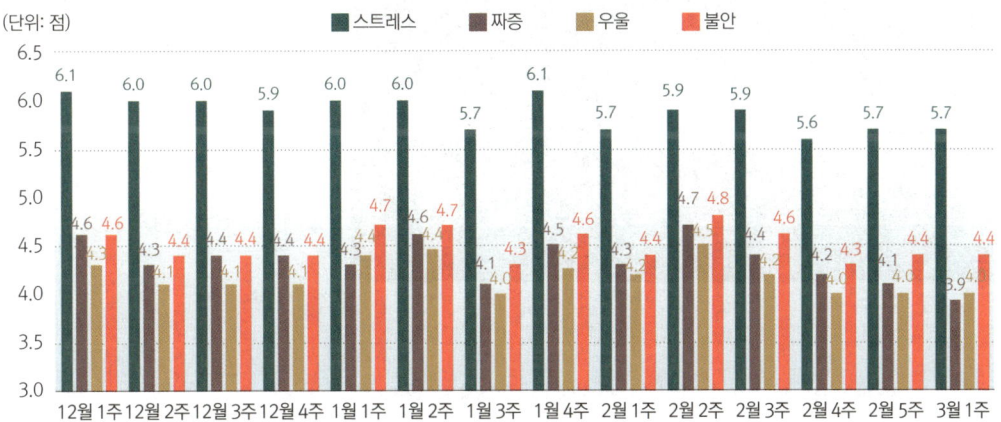

> 탄핵 심판 절차가 곧 마무리될 것이라는 희망 섞인 기대감이 형성되면서, 이 시기에 사람들의 부정적 감정이 상대적으로 낮았을 가능성이 있다.

한 불안과 우울은 2월 2주에 이어 1월 1주(불안 평균 4.71점, 우울 평균 4.44점)와 2주(불안 평균 4.69점, 우울 평균 4.41점)에도 상대적으로 높은 수치를 보였다. 1월 1~2주는 대통령 체포영장이 발부된 이후 체포 집행이 실패한 시기로, 이 기간 동안 사람들이 높은 수준의 불안과 우울을 경험했음을 보여준다.

스트레스(평균 5.62점), 불안(평균 4.25점), 그리고 우울(평균 3.96점)이 가장 낮았던 시기는 2월 4주로, 이 시기는 헌법재판소가 2월 25일 변론 종결을 고지한 주였다. 탄핵 심판 절차가 곧 마무리될 것이라는 희망 섞인 기대감이 형성되면서, 이 시기에 사람들의 부정적 감정이 상대적으로 낮았을 가능성이 있다.

그렇다면 남성과 여성은 같은 부정적 감정을 경험하고 있었을까? 성별에 따른 14주간의 부정 감정지수 변화를 살펴보았다(그래프 11). 전체 기간 동안 여성의 부정 감정지수는 4.81점, 남성은 4.60점으로 남녀 간 평균 차이는 0.21점이었다. 이는 2024년 1월부터 11월까지 성별 평균 차이인 0.28점보다 다소 감소한 수치다. 전반적으로 여성의 부정 감정지수는 남성보다 일관되게 더 높은 것으로 나타났으며, 이러한 성별 차이를 보다 자세히 살펴보기 위해 이중차분법(Difference-in-Difference)을 활용한 분석을 수행했다. 분석 결과 남녀 간 상대적 차이는 7.03%로, 여성이 남성보다 평균적으로 더 높은 부정 감정을 경험했으나, 그 차이는 크지 않은 편으로 나타났다.

여성이 남성보다 평균적으로 더 높은 부정 감정을 경험했으나, 그 차이는 크지 않은 편으로 나타났다.

다음으로, 변화 양상에 있어서 남녀 간 관련성을 확인하기 위해 상관계수를 분석한 결과, 0.48로 중간 수준의 관련성을 보이는 것으로 나타났다. 또한 성별에 따른 변화 양상이 유사한지 확인한 결과, 0.26으로(0에 가까울수록 두 변화 양상 간 유사성이 높음) 나타나 전반적으로 유사한 변화를 보였으나 일부 시점에서는 차이가 존재함이 확인됐다. 그래프11을 통해 확인한 결과, 2월 5주까지는 남성과 여성의 부정 감정지수 평균이 유사하게 변화했으나, 3월 1주 차에는 정반대 방향으로 변한 것이 확인됐다. 보다 구체적으로 남성의 경우 전주 대비 약 8.33% 감소하는 반면, 여성은 3.28% 증가했다. 3월 1주는 대통령 구속 취소가 법원에서 인용된 주였다. 다만 본 자료는 매주 수집된 자료를 바탕으로 한 횡단적(cross-sectional) 비교이기 때문에, 이를 토대로 남녀 간 인식의 차이를 단정지을 수 없다. 남녀 간 부정적 감정의 변화를 보다 정밀하게 파악하기 위해서는 종단적 자료를 기반으로 추가적인 분석이 필요하다.

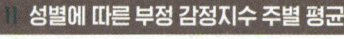
그래프 11 성별에 따른 부정 감정지수 주별 평균

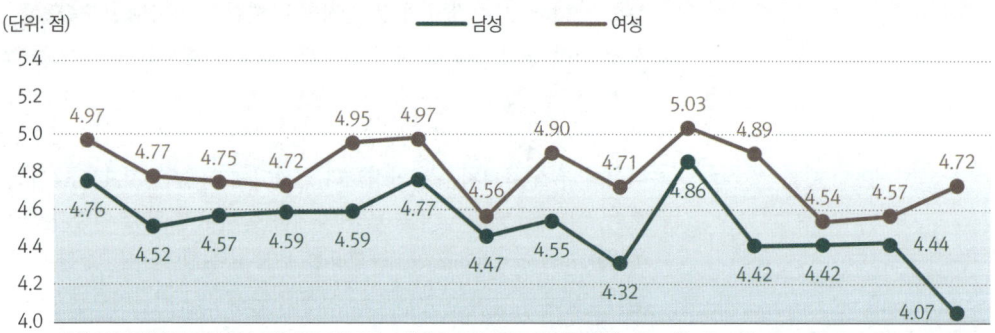

10~20대와 30~40대가 대체로 유사한 양상을 보이는 것으로 나타났다.

다음으로 연령대별 부정 감정지수의 변화를 살펴본 결과, 10~20대와 30~40대가 대체로 유사한 양상을 보이는 것으로 나타났다(그래프 12). 몇 차례 상승과 하락이 있었으나, 10대와 20대는 전반적으로 시간이 지날수록 부정적 감정이 감소하는 추세를 보였다(그래프 12, 상단). 특히 2월 2주 이후부터 대통령 구속 취소가 인용됐던 3월 1주까지 꾸준히 감소하는 것이 관찰됐다. 반면 30대와 40대는 10~20대와 전반적 추세는 비슷했으나 3월 1주에 부정 감정지수가 반등했다는 점에서 차이가 있었다(그래프 12, 하단). 구체적으로 10~20대는 2월 5주 대비 3월 1주에 부정 감정지수가 평균적으로 3.04%(10대 -3.72%, 20대 -2.35%) 감소한 반면, 30~40대는 평균적으로 4.36%(30대 +2.29%, 40대 +6.42%) 증가했다. 50대 이상 연령층의 경우, 다른 연령대에 비해 전반적으로 부정 감정지수 평균이 낮은 점이 특징적이었으며, 이들 또한 3월 1주에 부정적 감정이 소폭 반등했다는 점에서 10~20대와 구분되는 양상을 보였다.

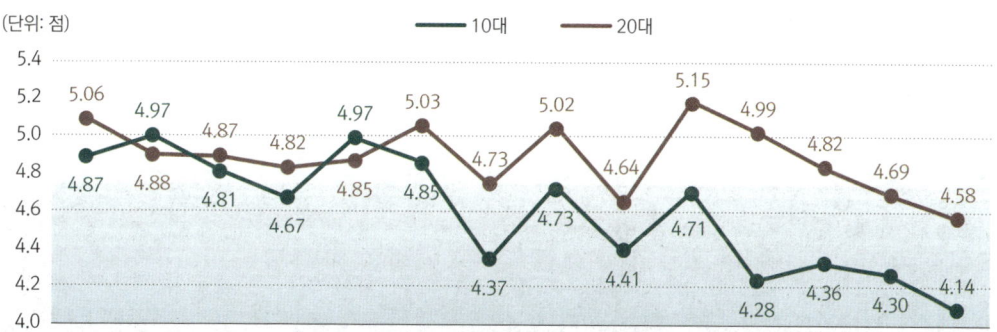

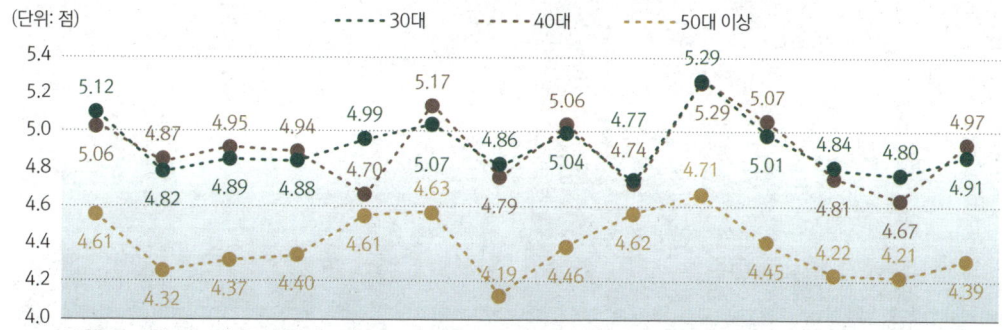

그래프 12 연령대에 따른 부정 감정지수 주별 평균

연령대별 부정적 감정 변화에 있어 성별에 따른 차이를 살펴보기 위해 연령대별로 남녀를 구분하여 부정 감정지수의 변화 양상을 살펴보았다. 표본 수가 지나치게 적을 경우 분석 결과에 편향이 발생할 수 있기 때문에, 이를 최소화하기 위해 40대, 50대, 60대 이상 응답자를 40대 이상이라는 하나의 집단으로 묶어서 살펴보았다. 그래프13 에서 볼 수 있듯이, 20대 이상 남성의 경우 설 연휴 직후 대통령 구속 취소 청구가 있었던 2월 2주와 3주에 부정 감정지수가 뚜렷하게 증가하는 양상이 관찰됐다.

반면 10대 남성은 20대 이상 남성과 다른 두 가지 특징을 보였다. 첫째, 시간이 지남에 따라 부정 감정지수가 전반적으로 감소하는 추세가 명확하게 나타났다. 특히 1월 3주 공수처의 2차 체포영장 집행 이후부터 꾸준히 하락세를 보인 것이 확인됐다. 둘째, 이러한 감소 추세 중 대통령 탄핵심판 변론 종결이 있었던 2월 5주에 부정적 감정이 급증했다. 그러나 일주일 후 3월 1주에 부정 감정지수가 급격히 감소하여 14주 전체 중 가장 낮은 수준을 기록하는 특징적인 양상이 확인됐다.

> 20대 이상 남성의 경우 설 연휴 직후 대통령 구속 취소 청구가 있었던 2월 2주와 3주에 부정 감정지수가 뚜렷하게 증가하는 양상이 관찰됐다.

남성의 연령대별 부정 감정지수 주별 평균

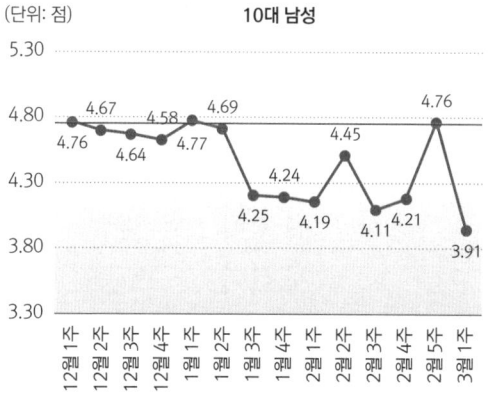

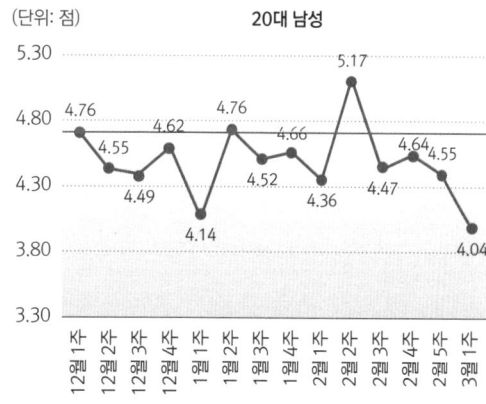

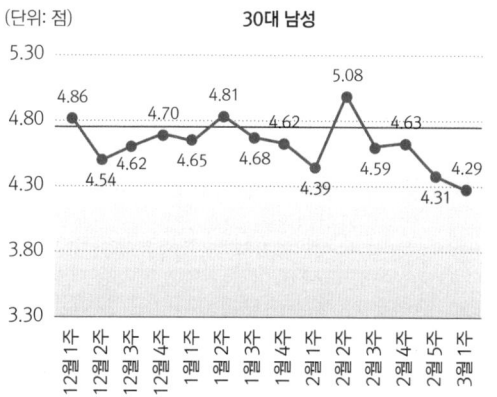

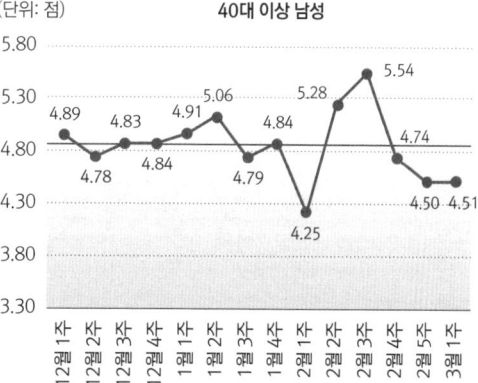

주: 붉은색 실선은 14주 동안 부정 감정지수의 전체 평균을 나타냄.

10대 남성은 시간이 지남에 따라 부정 감정지수가 전반적으로 감소하는 추세가 명확하게 나타났다.

10대 여성의 경우, 10대 남성과 마찬가지로 전체적으로 부정 감정지수 평균이 감소하는 추세를 보였다(그래프 14). 그러나 차이점도 발견됐는데, 특히 3월 1주차에 10대 남성은 전주 대비 부정적 감정이 17.86%로 크게 감소한 반면, 10대 여성은 오히려 4.82% 소폭 증가했다는 점이다. 이러한 3월 첫 주의 부정 감정지수의 상승은 10대 여성뿐만 아니라 모든 연령대의 여성에게서 공통적으로 관찰됐다.

> 10대 여성의 경우, 10대 남성과 마찬가지로 전체적으로 부정 감정지수 평균이 감소하는 추세를 보였다.

여성의 연령대별 부정 감정지수 주별 평균

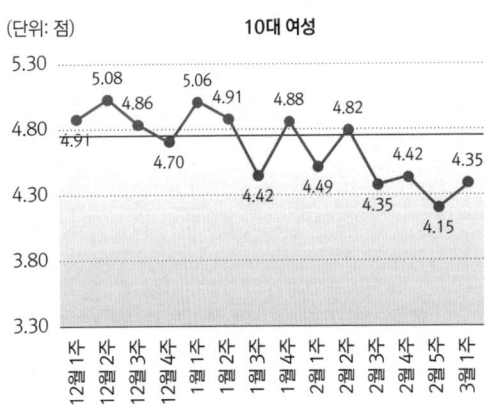

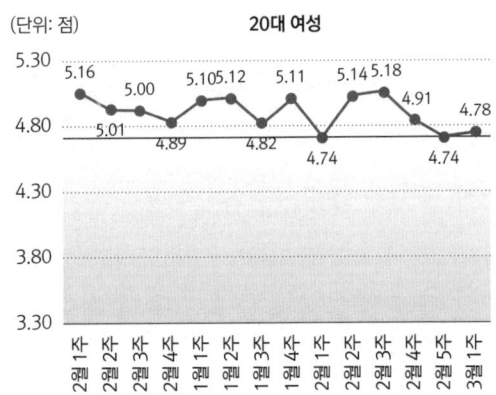

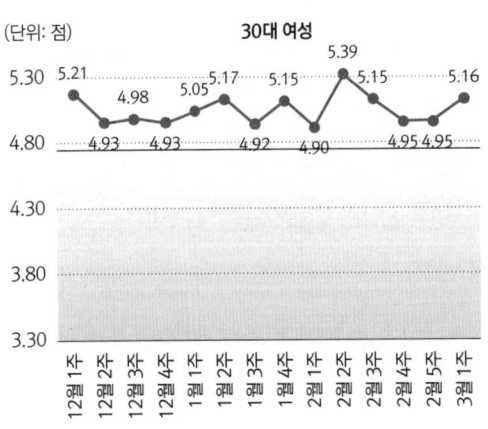

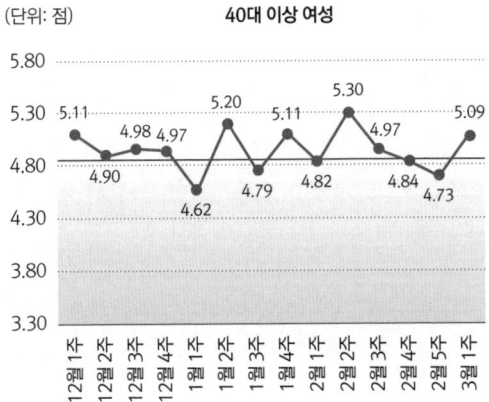

주: 붉은색 실선은 14주 동안 부정 감정지수의 전체 평균을 나타냄.

10대 남녀 모두 시간이 지남에 따라 부정 감정지수 평균이 감소하는 것으로 나타났다.

연령대별 변화를 성별로 살펴본 결과, 10대 남녀 모두 시간이 지남에 따라 부정 감정지수 평균이 감소하는 것으로 나타났다(10대 남성 β=-.044, 10대 여성 β=-.043). 반면 30대 여성의 경우, 변화의 정도는 미미하지만 부정 감정지수가 증가하는 추세가 확인됐다(30대 여성 β=.016).

또한 남녀 간 연령대별 불안정성(instability)을 살펴보기 위해 계차 제곱평균(Mean Square of Successive Differences, MSSD)을 분석했다. 불안정성은 감정의 변화폭을 나타내는 지표로, 값이 클수록 감정이 더 급격하게 출렁였음을 의미한다. 그래프15 에서 볼 수 있듯이, 20대 남성의 부정 감정지수는 다른 연령대에 비해 가장 큰 불안정성(MSSD=0.18)을 보였다. 이는 20대 남성의 부정 감정지수가 큰 폭으로 요동쳤음을 보여준다. 반면 20대 여성의 경우 동일한 연령대의 남성보다 불안정성(MSSD=0.05)이 낮게 나타났다. 그래프14 에서도 확인할 수 있듯이, 20대 여성의 부정 감정지수는 계엄 이후 14주 동안 꾸준히 평균보다 높은 수준을 유지하고 있었다. 흥미로운 점은 20대에서 성별에 따른 차이가 뚜렷하게 나타났다는 것이다. 이는 같은 20대라 하더라도 성별에 따라 감정 변화의 양상이 다를 수 있음을 시사한다. 반면 그 외의 연령대에서는 부정 감정 변화의 폭에 있어 남녀 간 큰 차이는 나타나지 않았다.

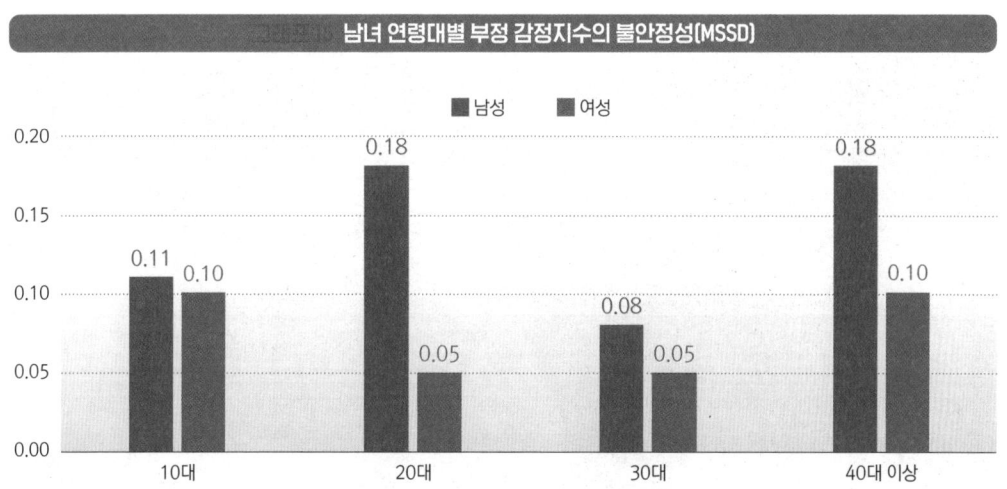

주: 불안정성 수치는 값이 클수록 감정의 변동폭이 크다는 것을 의미함.

12월 2일부터 3월 9일까지 부정 감정지수의 일별 평균은 그래프16 에서 확인할 수 있다. 부정 감정의 평균이 특정 주에는 급격한 변화(상승과 하락)를 보인 반면, 전반적으로 일정한 방향성을 보이는 주도 있었다. 주요 사건별 부정 감정지수의 변화를 살펴보면, 비상계엄이 선포된 12월 3일에는 전날 대비 부정 감정이 약 8.83% 상승한 것으로 나타났다. 12월 14일 두 번째 대통령 탄핵소추안이 가결된 이후에는 부정 감정지수가 4.76점(12월 14일)에서 4.46점(12월 15일), 그리고 4.27점(12월 16일)으로 지속적으로 하락하는 추세를 보였다. 또한 서부지법 폭동이 있었던 이후인 1월 4주에는 부정적 감정이 꾸준히 상승하는 양상이 관찰됐으며, 이는 1월 26일 검찰이 대통령을 구속 기소할 때까지 이어졌다. 그러나 1월 27일부터 시작된 설 연휴 기간에는 부정 감정지수가 급격하게 감소하는 양상이 관찰되기도 했다.

일별 부정 감정 평균은 참고 자료로서 의미가 있지만, 각 주요 사건이 사람들의 감정에 직접적인 영향을 미쳤다는 증거가 되지는 못한다. 이는 부정적 사건의 영향이 즉각적으로 나타나기보다 일정 시간이 지난 후에 나타나는 경우도 있기 때문이다. 또한 앞서 살펴본 바와 같이 성별과 연령대에 따라 동일한 시기에도 부정 감정의 변화 양상이 전혀 다르게 나타나기도 했다. 따라서 각 사건이 사람들의 마음에 어떤 영향을 미쳤는지를 명확하게 파악하기 위해서는 더 많은 자료와 보다 정교한 분석이 필요할 것이다.

> 부정 감정의 평균이 특정 주에는 급격한 변화(상승과 하락)를 보인 반면, 전반적으로 일정한 방향성을 보이는 주도 있었다.

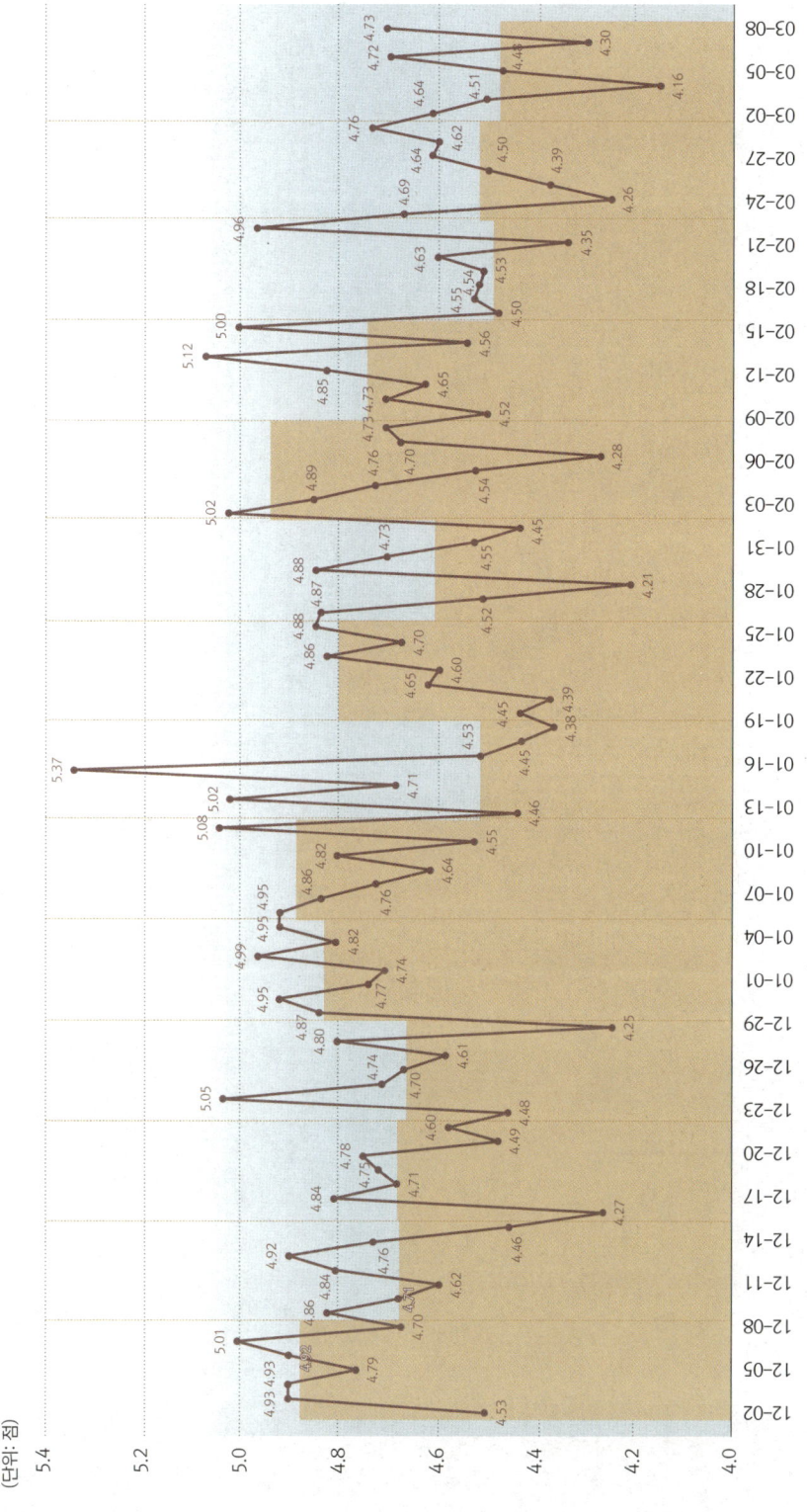

그래프 16 2024년 비상계엄 이후 14주간 부정 감정지수의 일별 평균

Happiness in 2024

Part 03

2024년 한국인의 속마음
빅데이터로 찾아낸 대한민국의 숨은 마음들

파트 3에서는 대한민국 사람들의 마음을 보다 깊이 들여다보고자 한다. 이를 위해 사람들의 성격, 사회경제적 환경, 신념과 행동 습관을 각각 나누어 살펴보았다. 먼저 Big5 성격 요인을 바탕으로 대한민국 사람들의 성격적 특성을 분석하고, 행복에 유리한 성격이 무엇인지 확인했다. 이어서 우리 사회에서 개인이 자신의 사회경제적 지위를 어떻게 인식하는지 살펴보고, 이러한 인식이 행복과 어떤 관련이 있는지도 분석했다. 마지막으로 미래 시간에 대한 조망, 개인주의와 집단주의 성향, 공감 능력과 기부 행동, 그리고 여가 및 일상 활동 등을 살펴보며, 이러한 신념과 행동 습관이 행복과 어떻게 연결되는지 탐색하고자 했다.

KOREA HAPPINESS REPORT 2025

Happiness in 2024

1
한국인의 성격이 궁금하다
Big5로 알아본 한국인의 성격

한 인물의 성격을 이해하는 것은 그 인물의 사고방식, 행동, 그리고 삶의 궤적을 파악하는 길잡이 역할을 해준다. 이 장에서는 개방성, 성실성, 외향성, 우호성, 신경증적 성향의 Big5라고 불리는 다섯 가지 성격에 대해 살펴보았다.

2024년, 세계적으로 주목받은 영화 〈오펜하이머〉는 왜 그토록 많은 사람들의 시선을 사로잡았을까? 그 핵심은 바로 주인공 J. 로버트 오펜하이머라는 인물에서 찾을 수 있을 것이다. 물리학자로서의 천재성과 철학적인 고민, 그리고 핵 개발 이후 느낀 죄책감과 갈등은 오펜하이머의 복잡한 내면을 이해하는 데 큰 단서가 된다. 반면 그와 대조되는 인물 루이스 스트라우스는 정치적 계산과 권력욕으로 움직이는 현실주의적 성향을 지녔다. 두 인물의 뚜렷한 대비를 통해 관객들은 오펜하이머의 고뇌와 선택을 더 깊이 이해할 수 있다. 이처럼 한 인물의 성격을 이해하는 것은 그 자체로도 흥미로울 뿐만 아니라 그 인물의 사고방식, 행동, 그리고 삶의 궤적을 파악하는 길잡이 역할을 해준다.

우리는 어떤 사람을 묘사할 때 '활발하다, 조용하다, 즉흥적이다, 계획적이다, 민감하다, 둔하다' 등의 단어를 사용한다. 이처럼 성격을 나타내는 다양한 어휘는 우리 자신과 타인을 표현하고 이해하는 데 활용된다. 그렇다면 성격을 묘사하는 표현만큼 다양한 성격이 실제로 존재하는 것일까? 그에 대한 답은 '그렇지 않다'이다. 심리학자들은 오랜 연구 끝에 사람의 성격이 크게 다섯 가지 특성으로 구분된다는 것을 밝혀냈다. 'Big5'라고 불리는 이 다섯 가지 성격을 하나씩 살펴보자.

1. 개방성(Openness to experience)

개방성은 새로운 생각이나 경험에 대한 태도와 관련된 성격 특성이다. 개방성이 높은 사람들은 호기심과 상상력이 풍부하고 예술과 아름다움에 대해 관심이 많은 경향을 보인다. 또한 개방성이 낮은 사람들에 비해 창의적이고 자신의 감정 상태를 섬세하게 지각하는 특징이 있다. 그렇기 때문에 예술가들 중 특히 개방성이 높은 사람들이 많다. 반면 개방성이 낮은 사람들은 익숙한 경험과 활동을 더 선호하는 경향이 있다. 따라서 이들은 몽상가적 기질보다 실용적이고 현실을 중요시하는 편이다. 또한 새로운 변화를 반기지 않기 때문에 보수적인 경향이 강하다고 할 수 있다.

> 개방성은 새로운 생각이나 경험에 대한 태도와 관련된 성격 특성이다.

개방성은 총 24개 문항으로 측정했으며, 상상력, 예술적 감수성, 감정 존중, 모험성, 지적 호기심, 가치 진보성 등 6개의 하위 요인을 포함한다. 각 문항은 0점(전혀 그렇지 않다)에서 4점(매우 그렇다)으로 구성된 5점 척도로 측정됐으며, 점수가 높을수록 개방성이 높음을 의미한다.

> 성실성은 목표를 성취하기 위해 노력과 시간을 적절하게 관리하는 특성을 나타낸다.

2. 성실성(Conscientiousness)

성실성은 목표를 성취하기 위해 노력과 시간을 적절하게 관리하는 특성을 나타낸다. 흔히 성실성은 '부지런한', '열심히 하는' 특성 정도로 여겨지는데, 이는 성실성을 나타내는 일부 특성이긴 하지만 핵심적인 특성은 아니다. 성실성이 높은 사람들은 계획을 세우고 그에 맞춰 일을 해나가는 반면, 성실성이 낮은 사람들은 즉흥적으로 일을 하는 것을 선호한다. 성실성이 낮은 사람들은 정리정돈이 잘 되어 있지 않고 어수선한 분위기에서도 편안함을 느끼는 반면, 성실성이 높은 사람들은 잘 정리된 환경에서 집중적으로 일하는 것을 더 선호한다. 또한 성실성이 높은 사람들은 규칙적으로 행동하는 데 어려움을 느끼지 않기 때문에 건강을 위한 행동(예: 운동, 금연, 금주 등)을 꾸준히 실천하는 편이다. 반면 성실성이 낮은 사람들은 새해 목표를 세우더라도 이를 꾸준히 유지하고 실천하는 데 어려움을 겪는 경우가 많다.

성실성 역시 총 24개 문항으로 측정했으며, 자신감, 계획성, 책임감, 성취욕, 자제력, 신중함 등 6개 하위 요인을 포함하고 있다. 성실성 점수가 높을수록 목표를 성취하기 위한 끈기와 노력 수준이 높다는 것을 의미한다.

> 외향적인 사람들은 자신의 내면보다 바깥 세계에 관심을 두고 다른 사람들과 자주 교류하며 에너지를 얻는 특성을 지닌다.

3. 외향성(Extraversion)

외향적인 사람들은 자신의 내면보다 바깥 세계에 관심을 두고 다른 사람들과 자주 교류하며 에너지를 얻는 특성을 지닌다. 또한 혼자 있기보다 사람들과 어울리는 것을 선호하며, 다양한 상황과 활동에 거리낌 없이 자신을 드러낸다. 한마디로 '사교적', '열정적', '활동적'이라는 단어와 잘 어울리는 사람들이다. 반면 내향성이 강한 사람들은 바깥 세계보다 자신의 내부에 더 많은 관심을 두며, 혼자만의 시간을 통해 에너지를 충전한다. 이들은 외향적인 사람들에 비해 타인과의 교류가 적고, 사회적인 활동도 비교적 적은 편인 경우가 많다. 흔히 생각하듯 '수줍고', '내성적'인 이들이 내향적인 사람들이다.

외향성은 총 24개 문항과 6개 하위 요인을 통해 측정했다. 외향성을 나타내는 6개 하위 요인에는 친밀감, 사교성, 리더십, 활동성, 흥미 추구, 명랑함 등이 포함되어 있다. 외향성 점수가 높을수록 외향적인 성향이 강한 것을 나타내는 반면, 점수가 낮을수록 내향적인 성향이 강하다는 것을 의미한다.

4. 우호성(Agreeableness)

나 자신보다 '우리'를 더 중요하게 여기고, 다른 사람에 대한 따뜻한 관심을 보이는 사람들은 우호성이 높은 편이다. 우호성이 높은 사람들은 다른 사람과의 조화를 중요하게 여기기 때문에 친절하고 협조적이며 관대한 평화주의자와 같은 모습을 보인다. 이들은 기본적으로 타인을 신뢰하고, 도움이 필요한 경우 기꺼이 도와주기 위해 노력한다. 반면 우호성이 낮은 사람들은 사회적 관계를 원만하게 유지하기보다 자신의 성취나 이익을 우선시하는 경향이 있다. 따라서 자신의 주장을 잘 굽히지 않고, 다른 사람의 의견에 비판적인 태도를 보이기도 한다. 이로 인해 다른 사람들로부터 종종 이기적이라는 평가를 듣기도 한다.

우호성은 총 24개 문항으로 측정됐으며, 신뢰, 강직함, 이타주의, 협조성, 겸손함, 공감력과 같은 6개 하위 요인을 포함한다. 점수가 높을수록 우호적인 성향이 강하다는 것을 의미한다.

> 나 자신보다 '우리'를 더 중요하게 여기고, 다른 사람에 대한 따뜻한 관심을 보이는 사람들은 우호성이 높은 편이다.

5. 신경증적 성향(Neuroticism)

정서적 기복이 심하고 불안정한 사람들은 대체로 신경증 경향이 높은 편이다. 이들은 일상에서 벌어지는 불쾌한 일에 매우 민감하게 반응하거나 스트레스를 많이 경험한다. 반면 신경증이 낮은 사람들은 정서적으로 안정되어 있으며, 스트레스에 덜 민감한 경향을 보인다. 하지만 신경증적 성향이 항상 부정적인 측면만을 지닌 것은 아니다. 신경증이 높은 사람들은 실패를 예방하려는 경향이 강해 철저하게 준비하며, 자신과 외부 세계의 미묘한 변화나 위험 신호를 예리하게 포착하기도 한다. 이로 인해 직업이나 학업적인 측면에서 높은 성취를 이루는 경우도 있다.

신경증적 성향은 총 24개 문항을 통해 측정했으며, 6개 하위 요인을 포함하고 있다. 신경증을 구성하는 하위 요인에는 걱정, 분노, 우울, 자의식(다른 사람의 시선이나 평가에 민감하게 반응하는 경향), 충동성, 심약함이 포함된다. 점수가 높을수록 신경증적 성향이 강하다는 것을 의미한다.

> 정서적 기복이 심하고 불안정한 사람들은 대체로 신경증 경향이 높은 편이다.

표1 Big5 성격 요인별 대표 문항

*표시 문항은 역으로 점수를 계산한다.

개방성
1 **상상력**: 나는 상상력이 풍부하다.
2 **예술적 감수성**: 나는 예술적 경험을 중요하게 생각한다.
3 **감정 존중**: 나는 종종 강렬한 감정을 느끼곤 한다.
4 **모험성**: 나는 창의적인 사람이다.
5 **지적 호기심**: 나는 기발한 사람이며, 깊이 생각한다.
6 **가치 진보성**: 나는 단 하나의 종교만이 존재한다고 믿는다.*

성실성
1 **자신감**: 나는 일을 철두철미하게 해낸다.
2 **계획성**: 나는 질서정연한 것을 좋아한다.
3 **책임감**: 나는 약속을 잘 지킨다.
4 **성취욕**: 나는 일을 열심히 한다.
5 **자제력**: 나는 일을 미루지 않고 바로 시작한다.
6 **신중함**: 나는 조심성이 없는 편이다.*

외향성
1 **친밀감**: 나는 친구를 쉽게 사귄다.
2 **사교성**: 나는 사교적인 사람이다.
3 **리더십**: 나는 다른 사람들을 리드하기 위해 노력한다.
4 **활동성**: 나는 활력이 가득한 사람이다.
5 **흥미 추구**: 나는 흥분되는 일을 매우 좋아한다.
6 **명랑함**: 나는 기쁨이 넘치는 사람이다.

우호성
1 **신뢰**: 나는 남을 잘 믿는 편이다.
2 **강직함**: 나는 성공을 위해 아부할 수 있다.*
3 **이타주의**: 나는 다른 사람들에게 환영 받고 있다는 느낌을 준다.
4 **협조성**: 나는 천성이 너그럽다.
5 **겸손함**: 나는 나 자신에 대해 후하게 평가한다.*
6 **공감력**: 나는 나에 비해 처지가 안 좋은 사람들에 대해 연민을 느낀다.

신경증적 성향
1 **걱정**: 나는 걱정이 많다.
2 **분노**: 나는 화를 잘 낸다.
3 **우울**: 나는 잘 우울해지는 편이다.
4 **자의식**: 나는 쉽게 긴장하는 편이다.
5 **충동성**: 나는 종종 너무 많이 먹는다.
6 **심약함**: 나는 종종 문제를 해결할 수 없을 것 같은 느낌이 든다.

표 2 Big5 성격 요인별 응답자 수와 응답 건수

	개방성	성실성	외향성	우호성	신경증적 성향
응답자 수(명)	1,152,756	969,445	962,742	915,196	985,388
응답 건수(건)	1,442,478	1,113,886	1,096,221	1,055,894	1,134,702

한국인의 성격 특성을 살펴보기 위해 2019년 9월 3일부터 2025년 1월 7일까지 수집된 Big5 성격 특성 자료를 분석했다. 각 성격 특성별 응답자 수와 응답 건수는 표2 와 같다. 다섯 가지 성격 특성 중 가장 많은 응답자 수를 기록한 성격 특성은 개방성으로, 총 115만 2,756명이 응답했다. 전반적으로 여성(평균 72.4%)의 응답 비율이 남성(평균 27.6%)보다 더 높게 나타났는데, 이는 안녕지수의 성별 응답 분포와 유사한 양상이다. 응답자들의 평균 연령은 32.28세였으며, 최소 14세부터 최대 75세까지로 나타났다.

> 가장 많은 응답자 수를 기록한 성격 특성은 개방성으로, 총 115만 2,756명이 응답했다.

한국인은 스스로를 개방적이라고 생각하는 편이다

01 개방성

한국인의 개방성 점수는 4점 만점에 2.63점이었다. 전체 응답자 가운데 절반이 넘는 59.24%가 중간 정도의 개방성을 지니고 있다고 응답했다. 흥미롭게도 자신을 개방적이라고 응답한 사람들(3점 이상)이 27.39%로 나타나, 개방적이지 않다고 응답한 사람들(1점 이하) 13.37%보다 약 2.04배 더 많은 것으로 나타났다. 한국 사람들은 스스로를 약간 개방적인 편이라고 생각하는 경향이 있는 것을 확인할 수 있다.

우리의 개방성은 성인 초기에 정점에 이른 후 점차 감소하기 시작한다

연령대별 개방성을 살펴보면, 그래프1 에서 볼 수 있듯이 성별에 따른 개방성 차이는 크지 않은 것으로 나타났다. 연령대별 결과를 살펴보면, 남녀 모두 20~30대에 개방성이 가장 높은 수준에 이른 것을 확인할 수 있었다. 이후 60대가 되면 개방성이 다소 감소하는 추세가 나타났는데, 특히 여성의 경우 40대부터 꾸준히 감소해 10대 수준보다 더 낮게 나타났다.

그래프1 | 한국인의 개방성 분포와 성별 × 연령별 개방성 점수

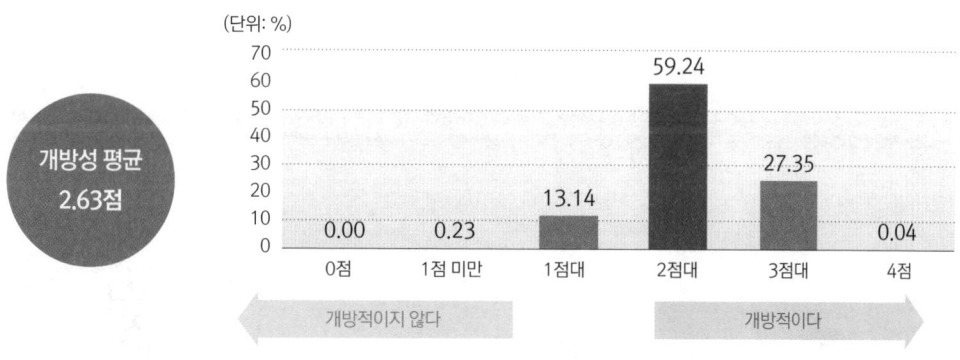

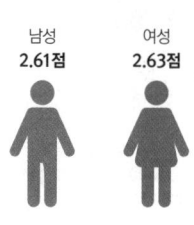

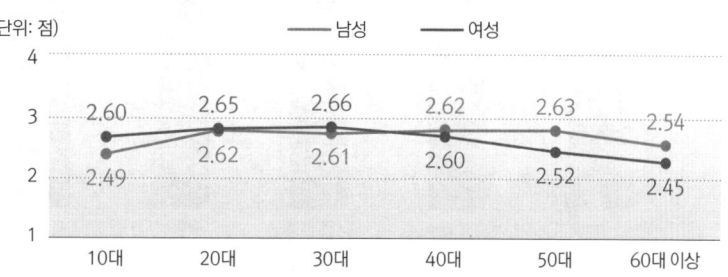

이는 개방성이 성인기 초반에는 비교적 안정적으로 유지되다가, 중년기 이후 노년기에 걸쳐 점차 감소한다는 기존 연구 결과와 대체로 일치한다(McCrae et al., 1999). 이러한 결과는 개인이 가정과 직업에서 안정기에 접어들면서, 새로운 경험을 추구하기보다는 삶의 안정성을 더 중시하는 경향과 관련되어 있을 수 있다. 그러나 개방성에 개인차가 존재할 수 있는데, 공연이나 전시회 관람 등 문화 활동은 개방성을 높일 수 있음을 보여주는 연구 결과도 존재한다(Schwaba et al., 2019). 이는 중년기 이후에도 다양한 문화 활동이 새로운 경험에 대한 개방적인 태도와 마음가짐을 유지하거나 향상시키는 데 도움이 될 수 있음을 시사한다.

> 한국 사람들은 스스로를 약간 개방적인 편이라고 생각하는 경향이 있는 것을 확인할 수 있다.

개방성을 좀 더 면밀하게 살펴보기 위해 이를 구성하는 하위 요인들의 평균 점수를 살펴보았다(그래프 2). 그 결과 가치 진보성이 2.83점으로 가장 높게 나타났다. 가치 진보성은 기존의 사회문화적 규범에 대해 유연한 태도를 지니며, 새로운 가치나 신념에 열린 자세를 갖는 성향을 의미한다. 반면 모험성(평균 2.489점)과 지적 호기심(평균 2.495점)은 개방성 전체 평균에 비해 다소 낮게 나타났다. 이는 새로운 환경이나 활동에 적극적으로 참여하려는 경향(모험성)이나 철학, 과학, 문학 등 복잡하고 추상적인 개념에 대한 지적 자극을 즐기는 성향(지적 호기심)이 비교적 낮게 나타났음을 보여준다.

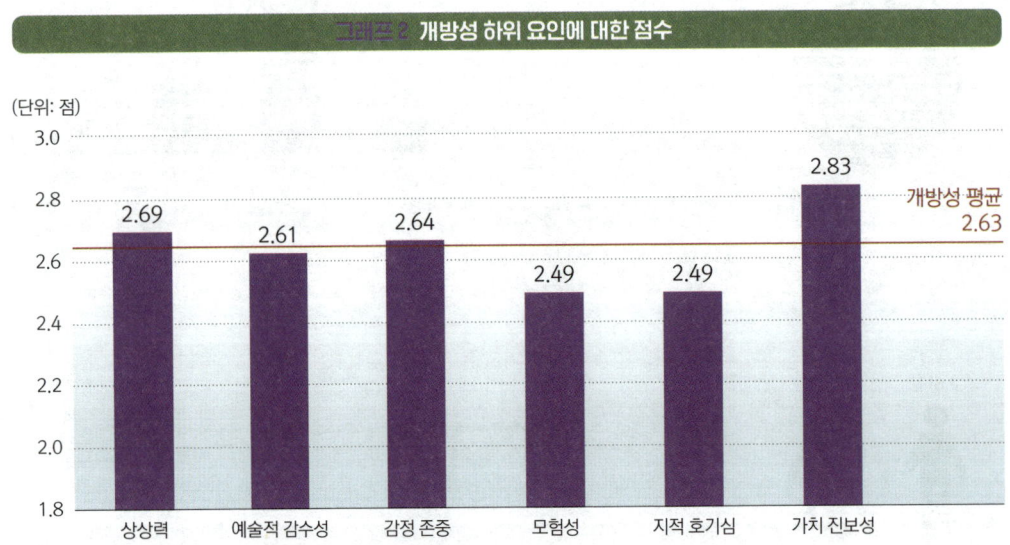

그래프 2 개방성 하위 요인에 대한 점수

주: 붉은색 실선은 개방성의 전체 평균을 나타냄.

02 성실성

많은 사람들은 계획보다 순간을 따른다

성실성 평균은 2.35점으로 나타났다. 흥미로운 점은 성실성이 높은 사람들(3점대 이상, 16.21%)보다 성실성이 낮은 사람들(1점대 이하, 27.6%)의 비율이 약 1.70배 더 높게 나타났다는 것이다 (그래프3). 이러한 분포는 한국인의 성실성 특성에 대한 기존 자료와도 일치한다(최인철 등, 2019).

우리는 나이가 들수록 성실해진다

성실성의 경우, 남성이 여성보다 성실성 평균이 다소 높게 나타났다. 그러나 연령대별 변화를 살펴보면, 남녀 모두 공통적으로 연령대가 높아질수록 성실성이 꾸준히 증가하는 양상이 관찰됐다 (그래프3). 10대의 성실성은 매우 낮았지만 이후 꾸준히 증가했으며 연령대가 바뀔 때마다 평균 6.13%씩 증가했다. 이러한 증가는 10대 이후 중년기까지 두드러지게 나타났는데, 10대부터 40대까지 평균적으로 7.13% 증가하는 추세를 보였다. 이후 50대(+5.38%)와 60대(+3.86%)가 되면서 성실성의 증가폭이 상대적으로 감소했다. 흔히 말하듯 '나이 들수록 철이 든다'라는 해석도 가능할 것이다.

그래프 3 한국인의 성실성 분포와 성별 × 연령별 성실성 점수

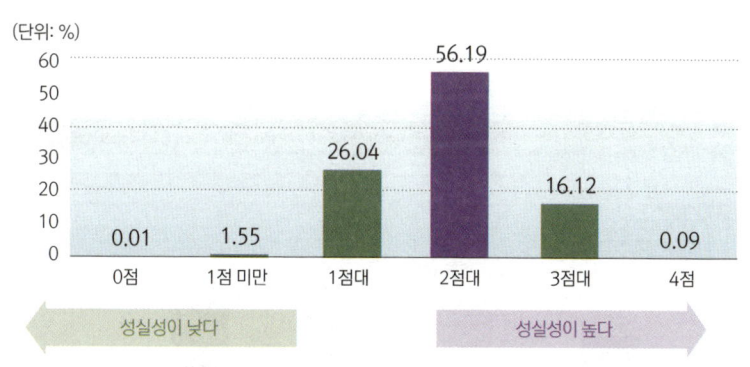

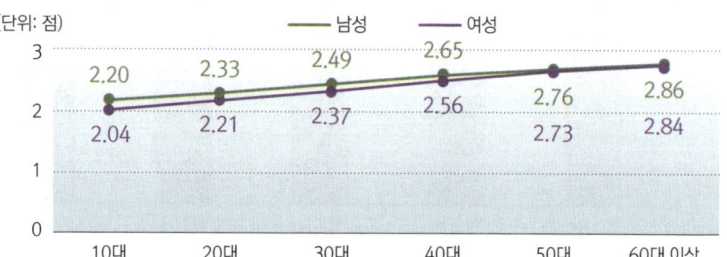

이러한 결과는 젊은 사람보다 중장년층의 성실성이 높다는 기존 연구 결과와도 일치한다(Donnellan & Lucas, 2008). 학교를 졸업하고 사회생활을 시작하면서, 직업과 가정 내에서 크고 작은 목표를 세우게 된다. 반드시 해야 하는 목표들을 성공적으로 달성하기 위해서는 계획이 꼭 필요하다. 이 같은 과정을 반복하면서 즉흥적으로 행동하기보다는 사소한 일이라도 미리 계획하려는 성향이 점차 강하게 나타날 수 있다.

성실성 하위 요인을 살펴본 결과(그래프 4), 성취욕(평균 2.68점)과 책임감(평균 2.64점)이 두드러지게 높게 나타났다. 성취욕은 높은 기준을 세우고 이를 달성하기 위해 끈질기게 노력하는 성향을 의미한다. 한편 책임감은 자신이 맡은 일이나 사회적 기대에 대해 책임감을 가지고 성실하게 수행하려는 태도와 관련되어 있으며, 의무감이 강하고 약속과 규칙을 잘 지키려는 성향을 반영한다. 반면 자제력의 평균 점수는 1.74점으로 가장 낮게 나타났는데, 이는 해야 할 일을 미루지 않고 충동이나 유혹을 억제하며 인내하려는 경향을 상대적으로 낮다는 것을 보여준다.

> 이 같은 과정을 반복하면서 즉흥적으로 행동하기보다는 사소한 일이라도 미리 계획하려는 성향이 점차 강하게 나타날 수 있다.

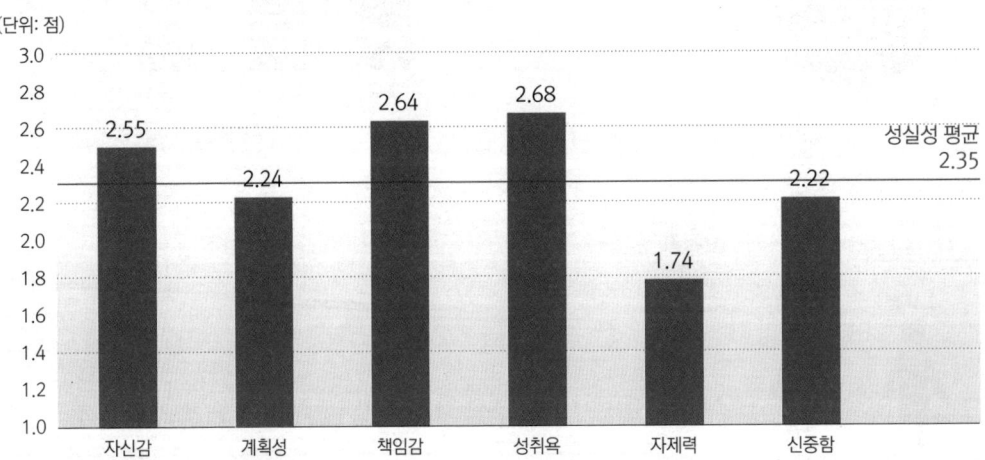

그래프 4 성실성 하위 요인에 대한 점수

주: 붉은색 실선은 성실성의 전체 평균을 나타냄.

대체로 내향적인 한국인

외향성의 전체 평균은 2.04점이었다. 그중 1점대 이하 응답자 비율이 무려 47.59%나 되었으며, 3점대 이상은 9.93%에 불과했다. 이러한 결과는 우리나라 사람들이 자신을 대체로 내향적이라고 여기고 있다는 것을 보여준다 (그래프 5).

노년기에 더 활발해지는 남녀

성별에 따른 외향성에는 큰 차이가 없는 것으로 나타났다. 그러나 연령대별 변화 양상에서는 남녀 간의 차이가 다소 뚜렷하게 나타났다. 남성의 경우, 10대(평균 2.21점)에서 외향성 점수가 가장 높았으며, 이후 감소와 유지를 거치다 50대 이후에 다시 증가하는 U자형 변화가 관찰됐다. 반면 여성은 10대(평균 1.98점) 시기에 외향성 점수가 가장 낮았으나, 이후 연령대가 변할수록 꾸준히 증가하는 양상이 나타났다.

그래프 5 한국인의 외향성 분포와 성별 × 연령별 외향성 점수

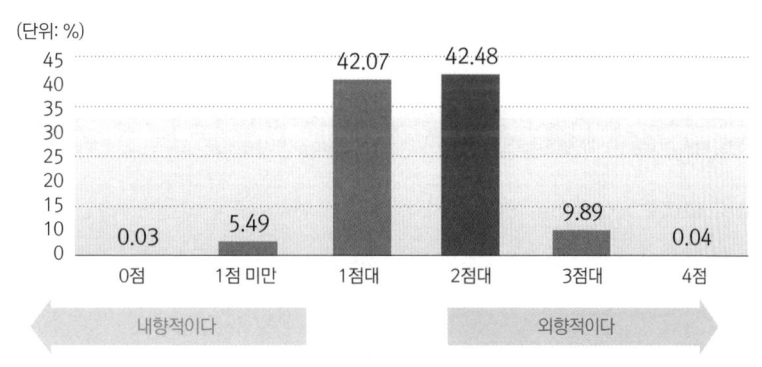
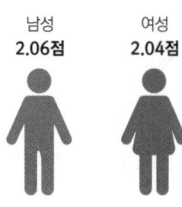
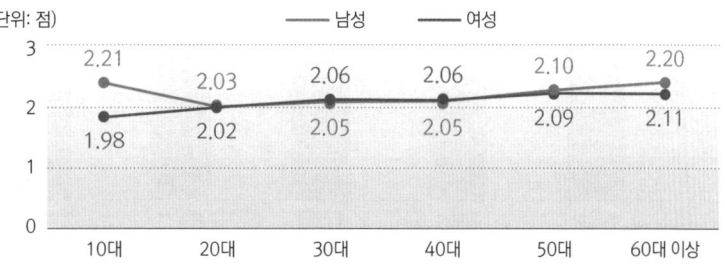

주목할 점은 남녀 모두 60대 이상에서 외향성 점수가 높게 나타났다는 것이다. 이는 외향성이 나이가 들수록 감소한다는 기존 연구들과는 상반되는 결과이다. 그러나 외향성이 노년기에 접어들면서 모두 감소하는 것은 아니다. 일부 연구에서는 새로운 사람들과의 관계 형성이나 여가 활동 참여가 노년기 이후 외향성 증가에 기여할 수 있음을 시사하고 있다(Schwaba et al., 2023). 이는 노년기의 사회적 환경이 외향성 변화에 중요한 요인으로 작용할 수 있음을 의미한다.

외향성 하위 요인을 살펴본 결과, 명랑함의 평균이 2.48점으로 가장 높게 나타났다(그래프 6). 명랑함은 삶에 대해 긍정적이고 낙관적인 태도를 나타내며 자주 웃고 쉽게 즐거움을 느끼는 성향을 나타낸다. 반면 사교성(평균 1.78점)과 리더십(평균 1.80점)은 상대적으로 낮게 나타났다. 사교성은 모임이나 대화 등 사회적 상호작용에 자발적으로 참여하려는 경향을 나타내며, 리더십은 다른 사람을 이끌거나 모임을 주도하는 성향과 관련되어 있다. 즉 한국인들은 삶에 대해 긍정적이고 낙관적인 태도를 지니고 있는 반면, 새로운 사람과 쉽게 관계를 맺거나 집단 내에서 주도적인 역할을 하는 경향은 상대적으로 낮다고 해석할 수 있다.

> 주목할 점은 남녀 모두 60대 이상에서 외향성 점수가 높게 나타났다는 것이다.

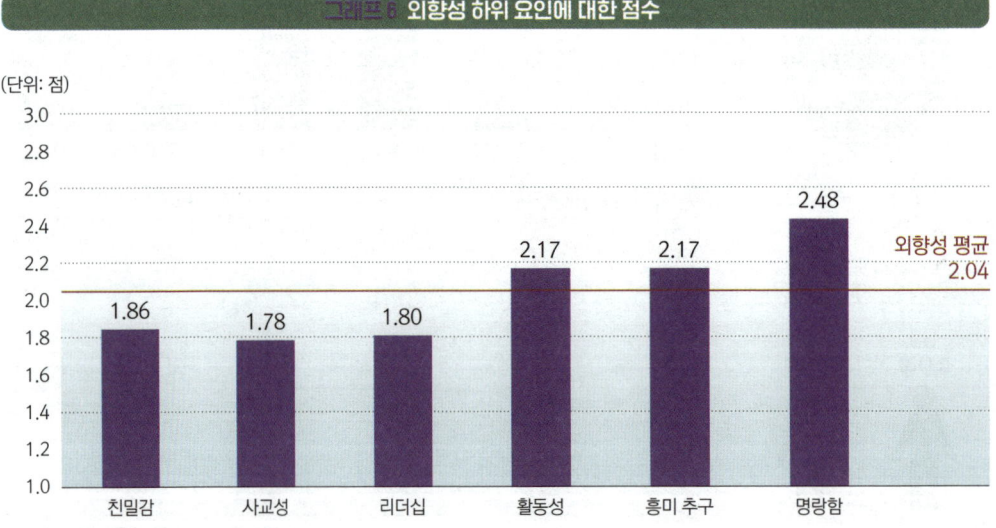

그래프 6. 외향성 하위 요인에 대한 점수

주: 붉은색 실선은 외향성의 전체 평균을 나타냄.

04 우호성

우리는 대체로 적당히 우호적이다

우호성 전체 평균은 2.21점이었으며, 이 중 70.63%의 사람들이 2점대 이상을 기록했다. 반면 1점대 이하에 해당하는 사람들의 비율은 29.36%로 나타나, 대다수의 사람들이 대체로 우호적인 성향을 지니고 있는 것을 확인할 수 있었다(그래프 7).

나이가 들수록 조금씩 더 따뜻해진다

연령대별 우호성을 살펴보면, 여성(평균 2.23점)이 남성(평균 2.14점)보다 다소 더 높은 것으로 나타났다. 이는 이전의 연구 결과와도 대체로 일치한다(Judge et al., 2012). 그러나 연령대가 높아질수록 우호성은 남녀 모두에서 유사한 변화 양상을 보였다. 남성과 여성 모두 10대에서 가장 우호성이 낮게 나타났지만, 이후 연령대가 높아질수록 지속적으로 증가하여 60대 이상에서 정점에 이른 것을 확인할 수 있었다.

그래프 7 한국인의 우호성 분포와 성별 × 연령별 우호성 점수

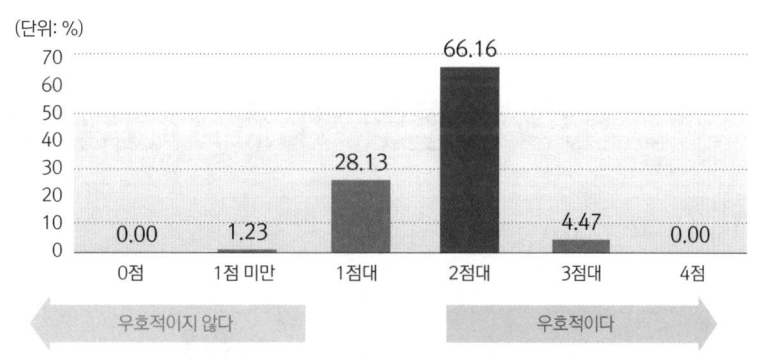
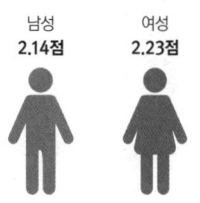
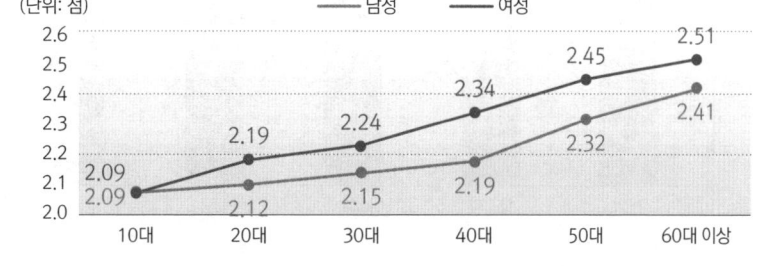

흥미로운 점은 남성의 경우 중년기를 지나면서 우호성의 증가폭이 급격하게 상승했다는 것이다. 40대까지는 평균적으로 매 연령대에서 1.51%씩 증가했다. 그러나 50대가 되면서 40대 대비 5.98% 상승, 60대 이상에서는 50대 대비 4.13% 상승하며 중년기 이후 우호성 증가가 뚜렷하게 나타났다. 즉 남성은 중년 이후에 더욱 관대해지는 경향이 두드러지게 나타났다고 해석할 수 있다.

우호성의 하위 요인을 살펴본 결과(그래프 8), 협조성이 2.56점으로 가장 높게 나타났다. 협조성은 갈등보다 평화를 선호하고, 자신의 이익보다 집단의 조화를 중요하게 여기는 성향과 관련되어 있다. 반면 겸손함의 평균 점수는 1.93점으로 가장 낮게 나타났으며, 이는 자신의 성취나 능력을 과시하지 않고 겸손하게 행동하려는 경향을 반영한다. 즉 한국인들은 나보다 우리의 이익을 더 중요하게 여기는 친사회적 성향이 높은 반면, 자신을 내세우지 않고 스스로를 낮추는 겸손함은 상대적으로 낮다고 해석할 수 있다.

> 흥미로운 점은 남성의 경우 중년기를 지나면서 우호성의 증가폭이 급격하게 상승했다는 것이다.

> 협조성은 갈등보다 평화를 선호하고, 자신의 이익보다 집단의 조화를 중요하게 여기는 성향과 관련되어 있다.

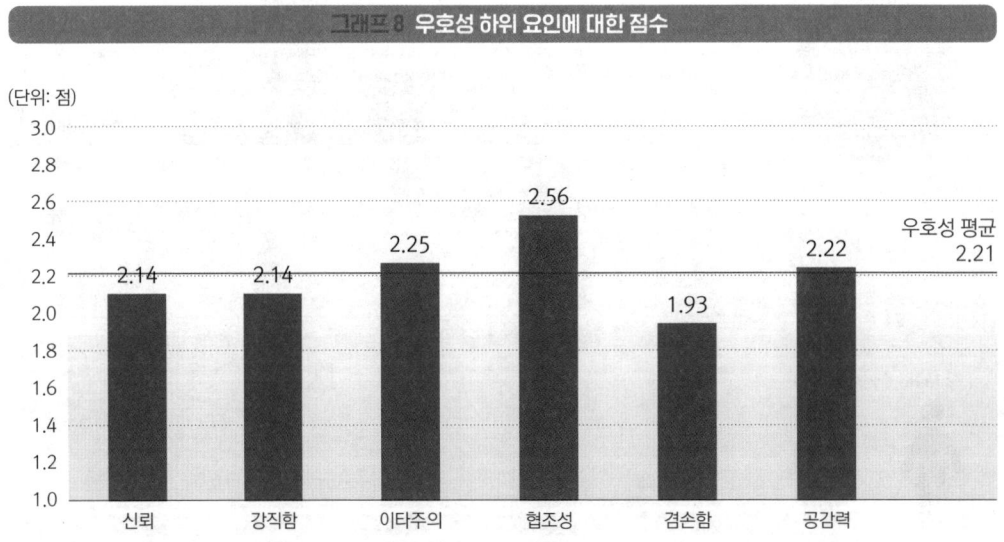

그래프 8 우호성 하위 요인에 대한 점수

(단위: 점)

신뢰	강직함	이타주의	협조성	겸손함	공감력	우호성 평균
2.14	2.14	2.25	2.56	1.93	2.22	2.21

주: 붉은색 실선은 우호성의 전체 평균을 나타냄.

05 신경증적 성향

대체로 정서적으로 안정적인 한국인

신경증적 성향의 평균 점수는 2.16점으로, 전체 응답자 가운데 39.47%(1점대 이하)가 정서적으로 안정적인 편에 속했다. 신경증적 성향이 높은 사람들은(3점대 이상) 12.82%로 나타났으며, 이는 신경증적 성향이 낮은 사람들의 약 1/3 수준에 불과한 것으로 확인됐다 (그래프 9).

요동치던 마음은 나이 들어 잔잔해진다

신경증적 성향은 다른 성격 요인들에 비해 성별에 따른 차이가 크게 나타났다. 여성의 신경증적 성향 평균 점수는 2.24점, 남성은 1.94점으로, 여성이 남성보다 약 1.15배 더 높은 것으로 나타났다. 이러한 결과는 기존 연구들과도 대체로 일치하는 결과이다 (Chapman et al., 2007; Lynn & Martin, 1997).

그래프 9 한국인의 신경증적 성향 분포와 성별 × 연령별 신경증적 성향 점수

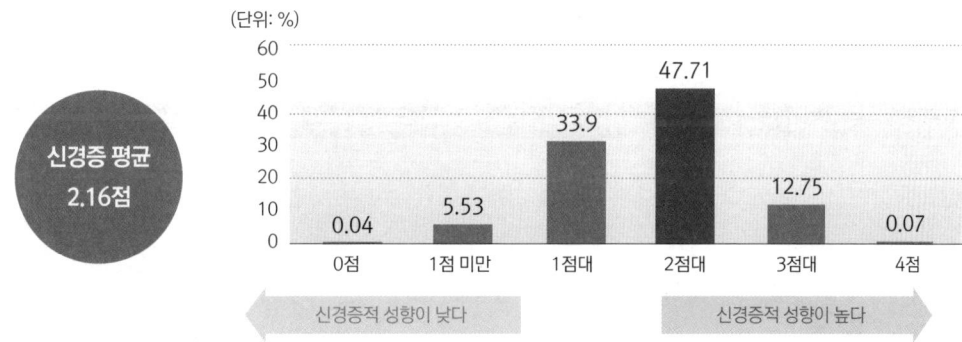

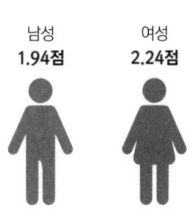

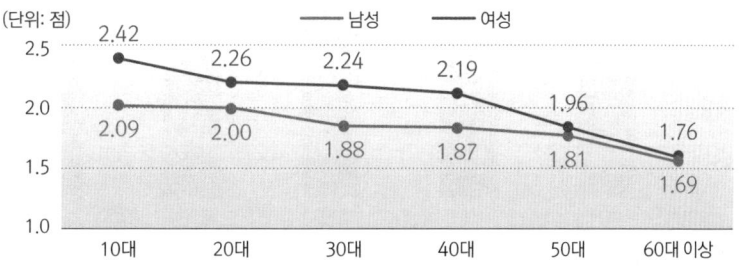

Happiness in 2024

그러나 연령대별 변화 양상은 남녀 모두 유사한 것으로 나타났다. 남성과 여성 모두 10대에서 신경증적 성향이 가장 높게 나타났으며, 이후 연령대가 높아질수록 신경증적 성향이 지속적으로 감소하는 변화가 관찰됐다. 이는 사람은 나이가 들수록 걱정과 불안이 줄고, 정서적으로도 더욱 안정되어간다는 점을 보여주는 결과이다. 또한 10대가 인생에서 가장 불안하고 짜증을 많이 내는 시기라는 점 역시 주목할 만하다.

신경증적 성향의 하위 요인을 살펴보면, 그래프10 에서 볼 수 있듯이 걱정이 가장 높게 나타났다(평균 2.55점). 걱정은 일상적인 일에도 불안을 자주 경험하고, 미래의 일에 대해 과도하게 염려하는 성향과 관련되어 있다. 반면 분노는 평균 2.02점으로 여섯 가지 하위 요인 중 가장 낮은 것으로 나타났다. 사소한 일에도 쉽게 짜증을 나타내거나 화를 내는 경향, 그리고 타인에 대한 적대감과 관련되어 있는 특성이다. 즉 한국인은 사소한 일에도 걱정은 많은 반면, 분노를 겉으로 잘 드러내지 않는 편이다. 이는 흔히 말하는 '참는 게 미덕'이라는 표현과도 맞닿아 있는 결과라 할 수 있다.

> 한국인은 사소한 일에도 걱정은 많은 반면, 분노를 겉으로 잘 드러내지 않는 편이다.

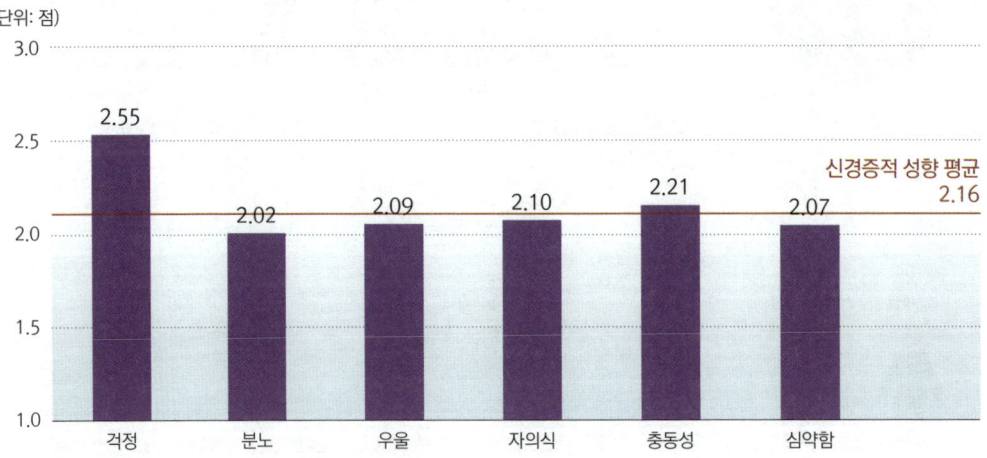

그래프10 신경증적 성향 하위 요인에 대한 점수

주: 붉은색 실선은 신경증적 성향의 전체 평균을 나타냄.

여성이 10대부터 40대까지 더 큰 정서적으로 불안정성을 경험하고 있음을 보여준다.

정서적으로 가장 불안정한 10~40대 여성들

신경증은 다섯 가지 성격 요인 중에서 남녀 차이가 가장 크게 나타난 요인이었다. 여성이 남성보다 신경증적 성향이 더 높았는데, 특히 50~60대에 비해 10~40대에서 남녀 간 차이가 두드러졌다 (그래프 9). 10대부터 40대까지의 남녀 간 평균 차이는 0.32점으로, 이는 50대와 60대의 남녀 평균 차이인 0.11점보다 약 2.91배 더 큰 수치다. 남녀 간 차이는 50대부터 점차 줄어들기 시작해 60대 이상이 되어서야 거의 사라졌다. 또한 남녀를 구분하여 살펴보면, 남성은 연령대별 신경증적 성향 점수 차이가 크지 않은 반면(표준편차 0.14점), 여성은 연령대별 차이가 상대적으로 크게 나타났다(표준편차 0.24점). 이는 여성이 10대부터 40대까지 더 큰 정서적으로 불안정성을 경험하고 있음을 보여준다.

남녀 간 성격 차이, 답은 신경증적 성향에서 찾을 수 있다

남녀 간 성격 차이를 그래프로 나타내면, 성실성, 우호성, 신경증적 성향에서 눈에 띄는 차이가 관찰된다(그래프 11). 특히 신경증적 성향에서 매우 큰 폭의 성별 차이가 확인됐는데, 이는 기존 연구에서 밝혀지고 있는 결과와 일치한다. 기존 연구들에 따르면, 여성은 남성에 비해 신경증적 성향과 밀접하게 관련되어 있는 불안이나 우울 등 부정정서 수준이 더 높고, 따라서 이와 관련된 우울증, 불안증, 공황장애, 성격장애 등도 여성에게 더 빈번하게 발생하는 경향이 있다고 알려져 있다(Goodwin & Gotlib, 2004).

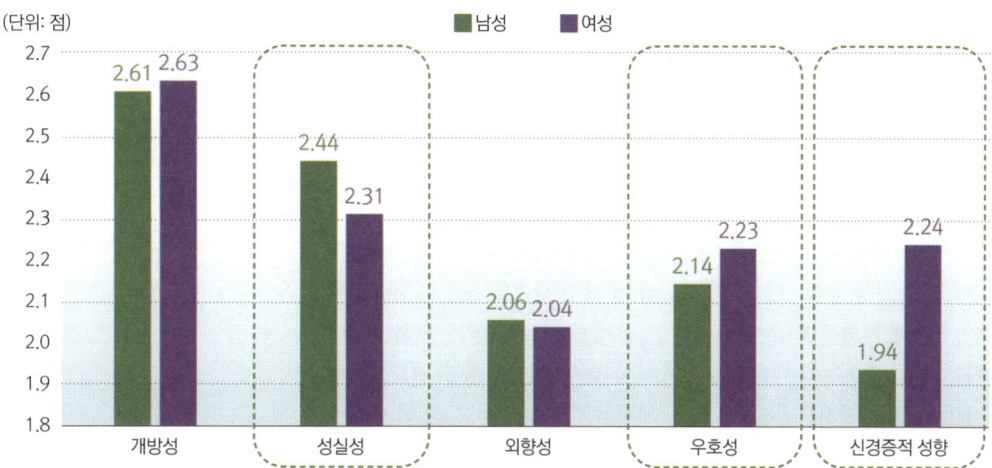

그래프 11. Big5 성격 요인의 남녀 차이

결론부터 말하면, 지역별 성격 차이는 전반적으로 매우 미미한 수준이었다. 각 성격 특성별로 점수가 가장 높은 지역과 낮은 지역 간의 평균 차이는 0.11점으로 나타나, 차이가 크다고 보기 어렵다. 따라서 아래에 제시하는 지역별 성격 차이에 대한 해석은 과도하게 일반화하거나 확대해석해서는 안 된다는 점을 미리 밝혀둔다(그림1).

지역별 성격 차이, 정말 있을까?

개방성
개방성이 가장 높은 집단은 해외에 거주하고 있는 사람들로 나타났다. 국내에서는 서울의 개방성 점수가 가장 높았고 제주도가 그 뒤를 이었다. 반면 경상북도, 강원도, 그리고 충청남도는 상대적으로 개방성이 낮은 지역으로 나타났다. 그렇다면 왜 해외 거주자들의 개방성이 국내 거주자들보다 더 높게 나타났을까? 이는 낯선 환경에서의 다양한 경험이 사람들을 보다 개방적으로 변화시켰을 가능성도 있고, 반대로 원래 개방성이 높은 사람들이 해외로 이주했기 때문일 수도 있다. 이처럼 다양한 해석이 가능하지만, 그 원인을 명확하게 파악하기 위해서는 보다 폭넓은 자료에 기반한 종단적 분석이 필요하다.

성실성
성실성이 가장 높은 지역은 서울, 세종, 그리고 경기도로 나타났다. 반면 경상도와 제주도는 상대적으로 성실성이 낮게 나타났다. 그러나 성실성이 가장 높은 지역과 낮은 지역간 점수 차이는 불과 0.09점으로, 그 차이는 매우 작았다.

외향성
외향성은 서울, 부산, 그리고 경기도 지역에서 높게 나타났다. 반면 개방성이 가장 높았던 해외 거주자들의 경우, 외형성은 상대적으로 낮은 것으로 나타났다. 하지만 외향성이 가장 높은 지역과 낮은 지역 간 점수 차이는 0.07점으로, 지역 간 차이는 크지 않았다.

우호성
우호성이 가장 높은 지역은 제주도였으며, 반대로 해외 거주자들의 우호성이 가장 낮은 것으로 나타났다. 부산과 광주를 포함해 대부분의 광역시 지역들의 우호성 점수는 전체 평균보다 낮게 나타났다. 이는 대도시일수록 사람들의 우호성이 낮아지는 경향과 관련되어 있으며, 흔히 말하는 '차가운 도시 사람들'이라는 이미지를 다시 한 번 떠올리게 한다.

지역별 성격 차이는 전반적으로 매우 미미한 수준이었다.

신경증적 성향

신경증적 성향 역시 지역 간 차이가 크지 않은 것으로 나타났다. 그 중에서도 충청남도가 신경증적 성향이 가장 높게 나타났고, 경상북도와 전라남도가 그 뒤를 이었다. 반면 서울과 세종은 신경증적 성향이 가장 낮은 지역으로 확인됐다.

그림 1 Big5 성격별 상위 3개 지역과 하위 3개 지역

행복한 사람의 성격과 불행한 사람의 성격

앞서 우리는 개방성, 성실성, 외향성, 우호성, 그리고 신경증적 성향의 다섯 가지 성격 특성을 살펴보았다. 그렇다면 이 중에서 행복과 가장 밀접하게 관련된 성격 요인은 무엇일까? 이를 알아보기 위해서는 다섯 가지 성격 검사에 모두 참여하고, 또 안녕지수에도 응답한 사람들의 자료가 필요하다. 2018년부터 2024년까지 모든 성격 검사와 안녕지수에 응답한 사람들은 총 13만 8,841명이었다. 이들의 자료를 바탕으로, 성격이 행복과 어떻게 관련되어 있는지를 분석했다.

그래프 12 는 Big5 성격 요소와 안녕지수의 관계를 나타낸 것이다. 막대의 길이가 길수록 해당 성격 요인과 행복 간의 관련성이 크다는 것을 의미한다. 막대가 양수(+)인 것은 각 성격 요인의 점수가 높아질수록 행복도 높아지는 것을 의미한다. 반면 음수(-)이면 해당 성격 요인의 점수가 높을수록 오히려 행복은 감소하는 것을 의미한다. 또한 0에 가까울수록 해당 성격 요인과 행복은 거의 관련이 없음을 나타낸다. 이를 토대로 살펴보면 외향성·성실성·우호성이 높을수록, 그리고 신경증적 성향이 낮을수록 더 행복한 것으로 나타났다.

특히 다른 성격 요인들에 비해 신경증적 성향은 행복과 가장 밀접하게 관련되어 있는 것으로 나타났다. 정서적으로 불안정하고 불안과 걱정을 자주 경험하는 성격 특성이 행복에 가장 큰 영향을 미친다는 것은 기존 연구들에서도 밝혀진 사실이다(Hayes & Joseph, 2003; Gutiérrez et al., 2005). 또한 목표를 향해 나아가는 특성(성실성)이 외향성만큼이나 강하게 나타난 것도 주목할 만한 결과이다. 이는 목표를 달성하기 위해 계획을 세우고, 이를 꾸준히 실천하는 것이 나의 행복에 긍정적으로 작용할 수 있음을 보여준다.

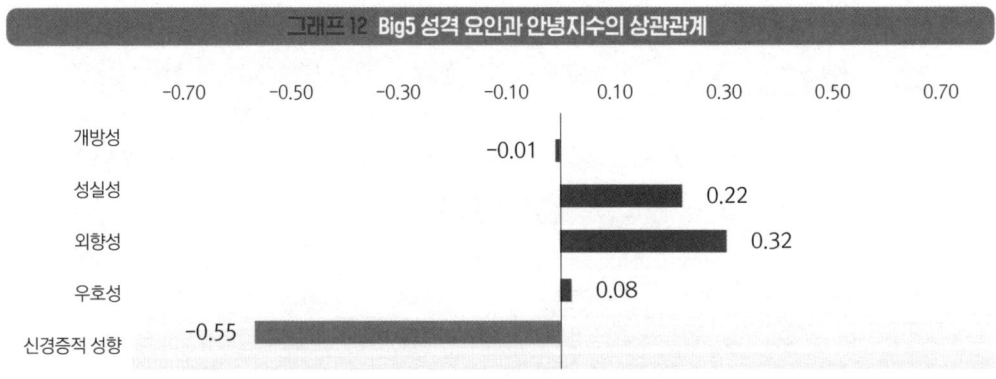

그래프 12 Big5 성격 요인과 안녕지수의 상관관계

행복한 성격 vs. 덜 행복한 성격

그래프13 은 전체 응답자의 안녕지수의 평균을 기준으로 1표준편차 높은 집단(안녕지수 높음)과 낮은 집단(안녕지수 낮음)으로 구분한 뒤, Big5 성격 요인이 어떻게 다른지를 나타낸 것이다. 이를 토대로 행복한 사람과 덜 행복한 사람의 성격적 특성을 유추해보면 다음과 같다.

행복한 사람의 성격

- 계획적으로 목표를 세우고, 이를 실천하기 위해 꾸준히 노력하는 성향을 보인다.
- 사람들과 어울리는 시간이 많고, 외부 활동에도 적극적으로 참여하는 경향이 있다.
- 정서적으로 안정되어 있으며, 일상 속의 크고 작은 사건에도 스트레스를 비교적 적게 받는 편이다.

덜 행복한 사람의 성격

- 일을 진행하는 데 있어서 다소 즉흥적인 경향이 있으며, 목표를 세우더라도 '작심삼일'에 그치는 경우가 많을 수 있다.
- 사람들과 어울리기보다 혼자 있는 시간이 많고, 사회적 활동에는 소극적인 편이다.
- 걱정과 불안 수준이 높으며, 특히 부정적인 사건에 민감하게 반응한다. 스트레스에 취약해 작은 일에도 높은 수준의 스트레스와 긴장을 경험하는 편이다.

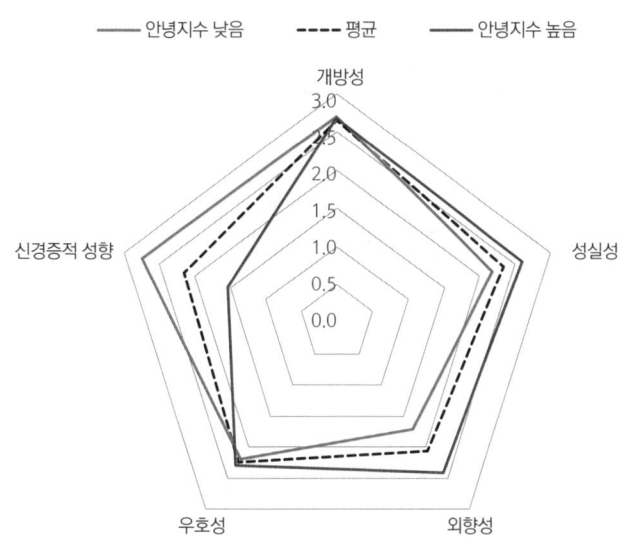

그래프 13 행복한 사람과 덜 행복한 사람의 Big5 비교

지금까지 다섯 가지 성격 특성이 행복과 어떻게 관련되어 있는지 살펴보았다. 결론적으로 성실할수록, 외향적일수록, 우호적일수록, 그리고 정서적으로 안정되어 있을수록 더 행복하다는 것을 확인할 수 있었다. 그런데 이처럼 성격과 행복의 관계는 나이와 상관없이 일정할까? 성격과 행복 간의 관련성이 더 밀접하게 나타나는 특정 연령대가 있는 것일까?

이 질문에 답하기 위해 우리는 각 성격 특성이 행복과 얼마나 긴밀한 관계를 맺고 있는지를 연령대별로 나누어 살펴보았다. 앞서 분석한 결과를 바탕으로 행복과 가장 밀접하게 관련되어 있었던 성격 요인부터 순서대로 살펴보면 다음과 같은 사실을 유추할 수 있다.

> **연령대별로 중요한 성격이 있다?**

연령대별로 특히 중요한 성격 요인

- 신경증적 성향은 모든 연령대에서 행복에 매우 중요한 요인으로 나타났다. 특히 연령대가 높아질수록 정서적 안정이 행복에 필수적임을 보여준다.
- 외향성은 특히 10대의 행복에 가장 크게 작용하는 성격 요인이다.
- 성실성은 다른 연령대에 비해 60대 이상 노년층의 행복에 더 큰 영향을 미치는 요인으로 나타났다.
- 우호성은 10대와 40대 이후에 행복과 밀접하게 관련되어 있는 것으로 나타났다. 청소년기와 노년기에 타인과 우호적인 관계를 맺는 것이 행복에 중요함을 시사한다.
- 개방성은 중년기 이후에 행복에 긍정적인 영향을 미치는 성격 요인으로 나타났다.

그래프 14 Big5 성격 요인이 연령대별로 미치는 영향

성격 요인	10대	20대	30대	40대	50대	60대 이상
개방성	0.0	0.0	0.0	0.0	0.1	0.1
성실성	0.2	0.2	0.2	0.2	0.2	0.3
외향성	0.3	0.3	0.3	0.3	0.3	0.3
우호성	0.1	0.0	0.1	0.1	0.1	0.2
신경증적 성향	-0.5	-0.5	-0.5	-0.6	-0.6	-0.6

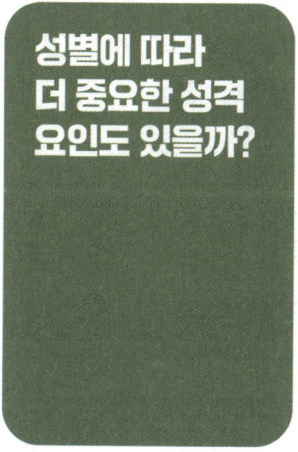

성별에 따라 더 중요한 성격 요인도 있을까?

성격 요인과 행복 간 관련성이 연령대에 따라 달라지는 것과 달리, 성별에는 큰 차이가 없는 것으로 나타났다. 남녀 모두에게서 신경증적 성향은 행복 치명적이었으며($r_{남성}=-.58$, $r_{여성}=-.54$), 외향성, 성실성, 우호성이 높을수록 행복을 높이는 데 도움이 되는 것이 확인됐다.

> 성격 요인과 행복 간 관련성이
> 연령대에 따라 달라지는 것과 달리,
> 성별에는 큰 차이가 없는 것으로 나타났다.

KOREA HAPPINESS REPORT 2025

Happiness in 2024

대한민국 행복지도 2025

2
행복은 사회적 계층을 따라 올라갈까?

사회적 계층은 사람들의 행복마저 갈라놓는 것일까? 이 장에서는 사회적 지위에 대한 사람들의 인식이 행복과 어떻게 관련되어 있는지 살펴보았다.

남아프리카공화국 케이프타운에서 활동하는 사진 작가 조니 밀러(Johnny Miller)는 드론을 이용해 수년간 가난한 동네와 부자 동네를 촬영해왔다. 그가 찍은 사진들은 빈부 격차를 극명하게 보여준다. 한쪽에는 크고 새하얀 집들이 정돈되어 있는 반면, 다른 한쪽에는 작고 낡은 집들이 위태롭게 밀집해 있다. 또 다른 사진에서는 부유한 사람들이 휴식을 즐기는 초록빛의 골프장이 펼쳐져 있지만, 다른 쪽에는 작은 집들이 빽빽하게 들어선 모습이 담겨 있다. 조니 밀러의 사진처럼 사회적 계층은 사람들의 행복마저 갈라놓는 것일까? 사회적 지위에 대한 사람들의 인식이 행복과 어떻게 관련되어 있는지 살펴보았다.

사회적 계층은 사람들의 행복마저 갈라놓는 것일까?

「사회통합실태조사」(2024)에 따르면, 2024년 사람들의 사회적 지위에 대한 인식은 10점 만점에 5.8점으로 2023년 대비 0.3점 상승한 것으로 나타났다. 자신을 중간층이라고 인식하는 응답 비율은 감소한 반면, 사회적 지위가 높다고 응답한 비율은 증가했다(그래프 15). 이러한 사회적 계층 인식은 개인의 행복과 어떤 관련이 있을까? 이를 살펴보기 위해 2019년 1월부터 2024년 12월까지 수집된 총 20만 6,189명(총 응답 건수 23만 8,134건)이 응답한 자료를 분석했다.

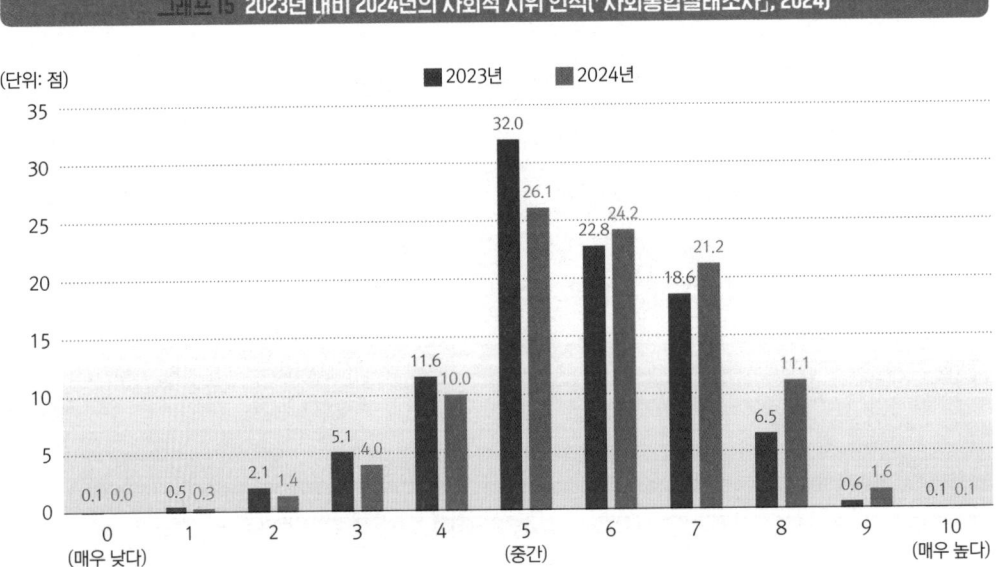

그래프 15 2023년 대비 2024년의 사회적 지위 인식(「사회통합실태조사」, 2024)

사회적 지위는 맥아더의 주관적 사회 지위 척도(MacArthur scale of subjective social status, Adler et al., 2000)를 활용하여 측정했다. 이는 사회적 계층을 측정하는 대표적인 방법으로, 사람들에게 사다리 그림을 보여주고 그중 자신의 사회적 지위가 몇 층에 속한다고 생각하는지를 응답하도록 하는 방식이다(그림 2). 사다리 1층은 사회적 지위가 낮다고 생각하는 사람들, 10층은 사회적 지위가 가장 높다고 생각하는 사람들에 해당된다. 즉 값이 높을수록 자신의 사회적 지위를 더 높게 인식하고 있음을 의미한다.

> 사다리 1층은 사회적 지위가 낮다고 생각하는 사람들, 10층은 사회적 지위가 가장 높다고 생각하는 사람들에 해당된다. 즉 값이 높을수록 자신의 사회적 지위를 더 높게 인식하고 있음을 의미한다.

그림 2 사회적 지위 측정 방식

실제 사회적 지위 측정 화면 ➡

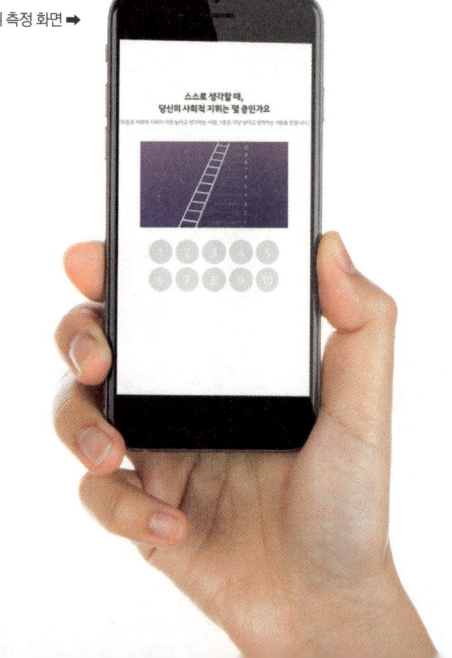

한국인의 사회적 지위 분포

한국인의 사회적 지위 평균은 1층부터 10층 사이에서 4.86점(표준편차 2.07)에 위치하고 있는 것으로 나타났다. 점수대별 분포를 살펴보면, 응답자 가운데 23.4%가 사다리의 중간인 5층에 위치한 것으로 나타났다(그래프 16). 이는 상당수 사람들이 자신의 사회적 지위를 중간 수준으로 인식하고 있음을 보여준다.

5층보다 낮은 위치(1~4층)에는 전체의 42.2%의 사람들이, 5층보다 높은 위치(6~10층)에는 34.5%가 분포하고 있는 것으로 나타났다. 즉 스스로를 중간보다 낮다고 여기는 사람들의 비율이 중간보다 높다고 인식하는 사람들보다 약 7.7% 더 많았다. 이는 자신의 사회적 위치를 중간 이하로 인식하는 사람들이 다수임을 보여준다. 그중에서도 최하층인 1층으로 응답한 사람들은 5.8%로, 1만 1,957명의 사람들은 자신의 사회적 지위가 매우 낮다고 인식하고 있었다. 이는 최상층인 10층(1.5%, 3,033명)과 비교했을 때 약 3.87배 더 많은 수치다.

연령대별로 사다리 구간 비율을 살펴본 결과, 20대(47.30%)와 30대(46.00%)는 중간 이하(1~4층)라고 여기는 사람들의 비율이 연령대 중 가장 높게 나타났다. 즉 20~30대 중 절반에 가까운 사람들이 자신의 사회적 지위를 중간보다 낮다고 인식하고 있는 것으로 확인됐다. 이러한 비율은 연령대가 높아질수록 점차 감소했으며, 60대에

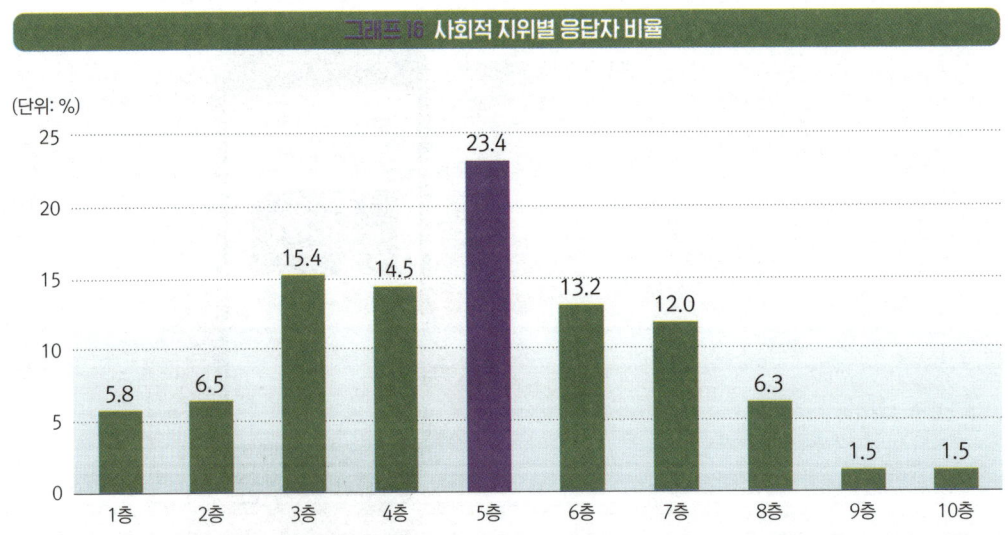

그래프 16 사회적 지위별 응답자 비율

이는 상당수 사람들이 자신의 사회적 지위를 중간 수준으로 인식하고 있음을 보여준다.

이르러서는 자신을 중간 이하로 인식하는 비율이 27.80% 수준으로 떨어졌다.

또한 60대 이상은 모든 연령대 중에서 중간 이상으로 인식하는 비율(7~10층)이 32.60%로 가장 높게 나타났다. 이는 20대(19.00%)와 30대(18.30%)의 비율과 비교했을 때 약 1.72~1.78배 더 높은 수치다. 하지만 본 조사 특성상 60대 이상 응답자들은 컴퓨터나 스마트폰 사용에 익숙한 사람들일 가능성이 있다. 이로 인해 해당 연령대의 응답자들이 실제보다 상대적으로 높은 사회적 지위에 놓인 사람들일 가능성을 배제할 수 없다. 즉 60대 이상에서 높은 사회적 지위를 가진 사람들의 응답이 반영된 결과일 수 있으므로, 본 결과를 해석할 때 주의가 필요하다.

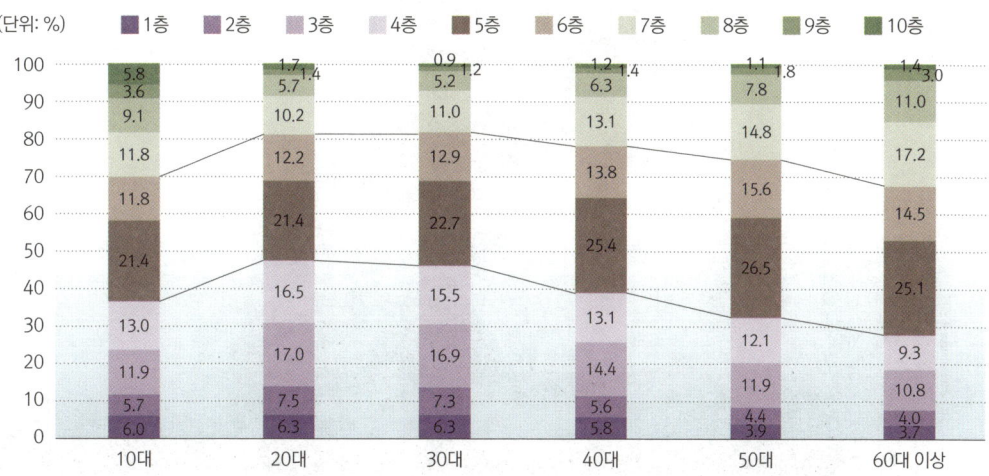

그래프 17 연령대별 사회적 지위 비율 비교

흥미로운 점은 10대 청소년의 경우에도 60대 이상과 마찬가지로 자신의 사회적 지위를 중간 이상(7~10층)으로 인식하는 비율이 높게 나타났다는 것이다. 이는 10대의 비현실적인 낙관성과 관련되어 있을 수 있다. 이전 자료에 따르면, 자녀들이 보고한 가정의 부유함은 부모가 보고한 부유함의 정도보다 더 높게 나타났으며, 이는 자신의 가정의 경제적 상태를 과대평가하는 경향이 반영된 결과 일 수 있다(최인철 등, 2019).

성별에 따른 사회적 지위 평균을 살펴본 결과, `그래프18`에서 볼 수 있듯이 남성(평균 4.91점)이 여성(평균 4.85점)보다 자신의 사회적 지위를 근소하게 더 높게 인식한 것으로 나타났다. 이는 「사회통합실태조사」(2024) 결과와도 일치한다. 다음으로 연령대별 사회적 지위 평균을 살펴본 결과, 10대를 지나 20대와 30대에서 가장 낮아진 후 이후 연령대가 높아짐에 따라 꾸준히 상승하는 U자 형태의 변화가 관찰됐다. 사회적 지위 평균은 60대 이상(평균 5.45점)에서 가장 높게 나타났으며, 이는 20~30대와 비교했을 때 약 1.16~1.17배 더 높은 수치다.

> 흥미로운 점은 10대 청소년의 경우에도 60대 이상과 마찬가지로 자신의 사회적 지위를 중간 이상으로 인식하는 비율이 높게 나타났다는 것이다.

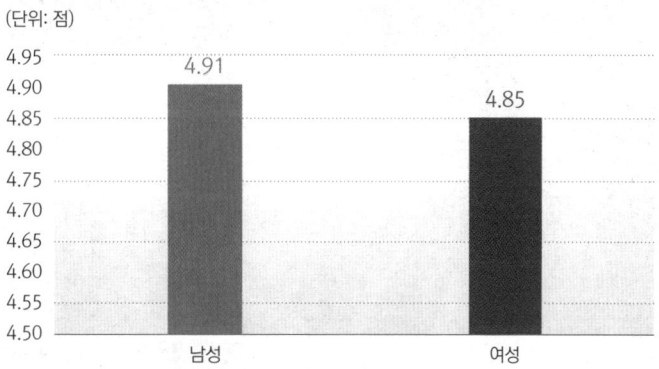

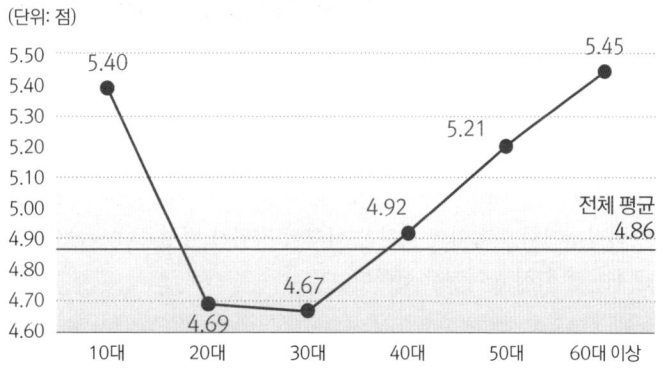

연령대가 높아짐에 따라 사회적 지위가 변화하는 양상에 있어서 남녀 간 차이가 존재할까? 이를 확인하기 위해 성별과 연령대별 사회적 지위 평균을 살펴보았다(그래프 19). 그 결과 남녀 모두 연령대별 변화 양상이 전반적으로 유사하게 나타났다. 남성의 경우 30대에서 최저점(4.69점)을 기록한 후 상승하는 추세로 전환했으며, 여성은 20대(평균 4.65점)에서 가장 낮은 점수를 기록한 후 연령대가 높아질수록 꾸준히 상승하는 양상이 확인됐다.

연령대가 높아짐에 따라 사회적 지위가 변화하는 양상에 있어서 남녀 간 차이가 존재할까?

주목할 만한 점은 10대 이후 남녀 간 사회적 지위 격차가 점차 줄어들다가 50대에 일시적으로 다시 벌어졌다는 것이다. 그러나 60대 이상에서는 그 차이가 다시 줄어드는 모습을 보였다. 전반적으로 모든 연령대에서 여성이 인식하는 사회적 지위가 남성보다 낮게 나타났다는 점 역시 눈여겨볼 만하다.

> 모든 연령대에서 여성이 인식하는 사회적 지위가 남성보다 낮게 나타났다.

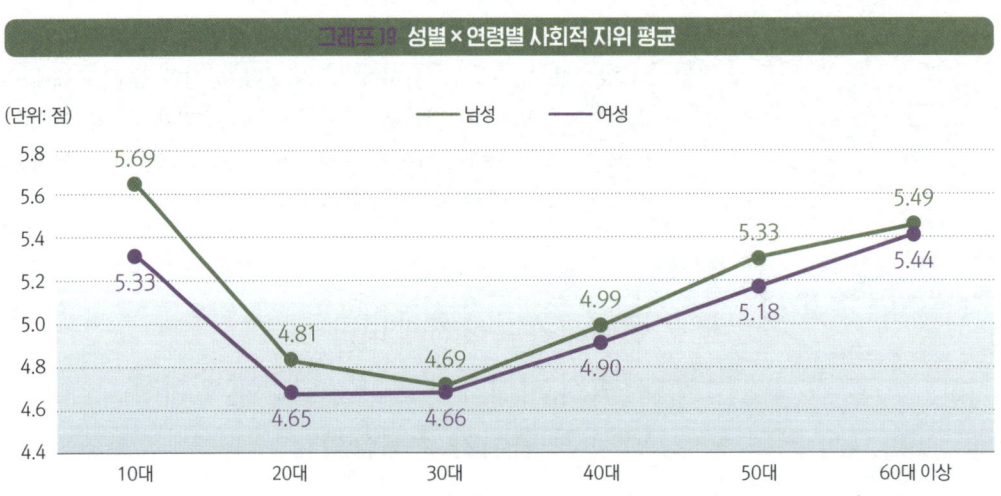

그래프 19 성별 × 연령별 사회적 지위 평균

사회적 지위와 행복의 관계

사회적 지위와 행복은 얼마나 관련되어 있을까? 이를 확인하기 위해 사회적 지위와 안녕지수 간의 상관관계를 분석한 결과, 두 요인 간 상관계수는 .38로 나타났다. 이는 사회적 지위가 높아질수록 행복도 함께 높아진다는 것을 의미한다.

그렇다면 사회적 지위와 행복의 관계는 모든 사람에게 동일하게 나타날까? 이를 살펴보기 위해 성별에 따른 사회적 지위와 행복의 관계를 분석했다(그래프 20). 분석 결과 사회적 지위와 행복의 관계는 긍정적인 지표(삶의 만족, 삶의 의미, 긍정정서)에서 부정적인 지표(부정정서, 스트레스)보다 더 크게 나타났다.

먼저, 긍정 지표에서는 남녀 간 차이가 크지 않은 것으로 확인됐다. 남성과 여성 모두 사회적 지위가 높을수록 삶의 만족도나 의미, 그리고 긍정정서가 높아지는 것을 확인할 수 있었다. 그러나 부정 지표에서는 남녀 간에 다소 차이가 있는 것으로 나타났다. 여성이 남성에 비해 사회적 지위의 영향을 조금 더 크게 받는 것이 관찰됐다. 이는 낮은 사회적 지위가 유발하는 부정정서와 스트레스가 남성보다 여성에게 더 큰 영향을 미칠 수 있음을 시사한다.

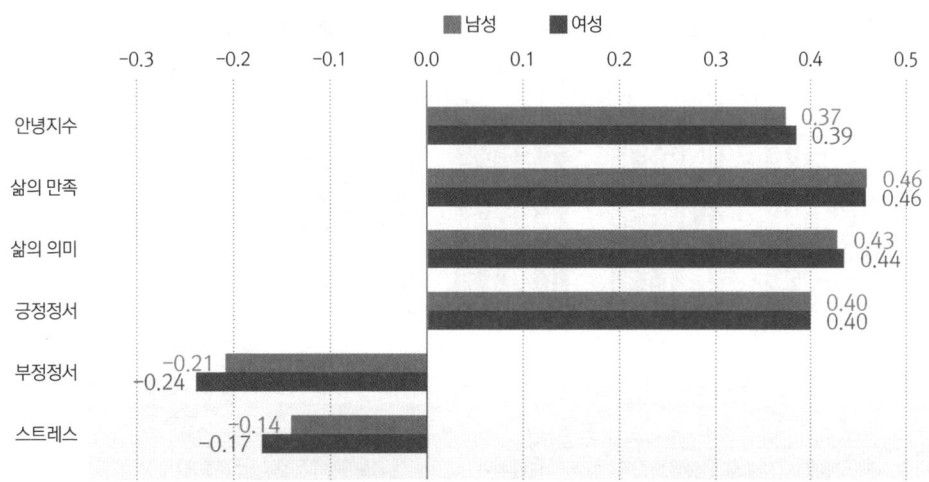

그래프 20 성별 사회적 지위와 행복의 상관관계

다음으로 연령대별로 나누어 사회적 지위와 행복의 관계를 분석한 결과, 앞선 결과와 마찬가지로 부정적인 지표에 비해 긍정적인 지표에서 사회적 지위와의 관계가 더 크게 나타났다. 이는 사회적 지위가 부정정서나 스트레스를 줄이는 것보다 삶의 만족이나 긍정정서 등을 경험하는 데 더 큰 영향을 미칠 수 있음을 의미한다. 또한 성인 초기보다 중년기, 특히 50대까지 사회적 지위와 행복의 관련성이 점차 커지는 것을 확인할 수 있었다. 이는 중년층에게 사회적 지위가 행복에 있어 더 중요하게 작용함을 시사한다.

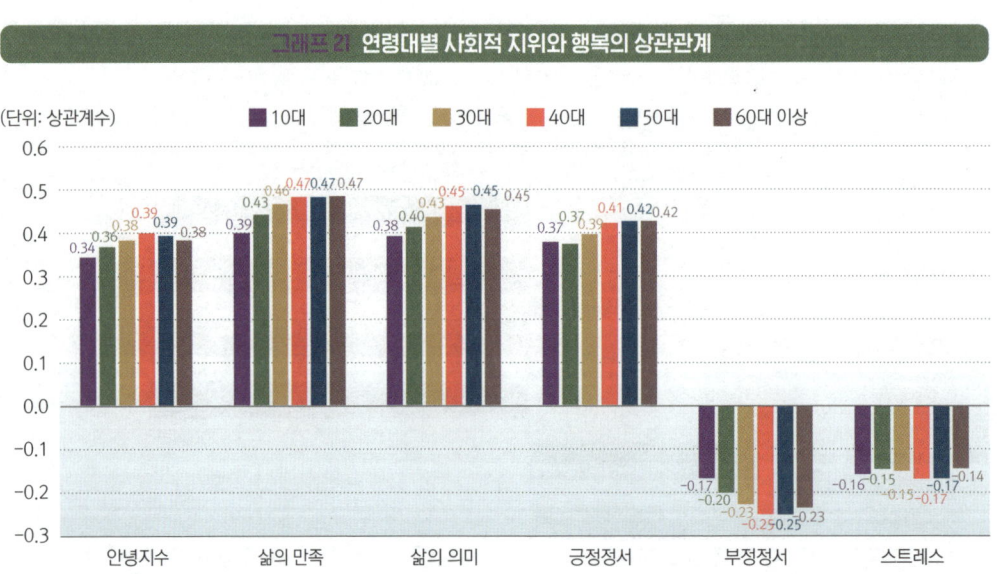

그래프 21 연령대별 사회적 지위와 행복의 상관관계

사회적 지위가 부정정서나
스트레스를 줄이는 것보다
삶의 만족이나 긍정정서 등을 경험하는 데
더 큰 영향을 미칠 수 있음을 의미한다.

KOREA HAPPINESS REPORT 2025

Happiness in 2024

대한민국 행복지도 2025

3-1
미래를 바라보는 관점,
오늘의 행복을 바꾸다

이 장에서는 성별과 연령에 따른 한국인의 미래시간조망 추이를 분석하고 거주 지역에 따라 미래시간조망이 차이를 보이는지, 미래시간조망과 웰빙은 어떤 관계를 보이는지 알아보았다.

현재 대한민국의 가장 큰 이슈 중 하나는 국민의 고령화이다. 한국은 세계에서 가장 빠른 속도로 고령화가 진행되고 있다. 통계청 조사 결과에 따르면, 2023년 기준 65세 이상 고령 인구는 전체 인구의 18.4%를 차지하며, 2025년에는 20.6%에 도달해 초고령사회로 진입할 것으로 예상된다. 이러한 변화는 사회구조에 큰 영향을 미치며, 심리학자들 또한 노화(Aging)와 고령자의 심리적 특성에 대해 큰 관심을 기울이고 있다.

나이가 들면 우리에게 어떤 일이 벌어질까? 보통 나이가 든다는 것은 우리의 몸과 마음이 늙어간다는 것을 의미한다. 그러나 현대 의학 기술의 발달로 인해 사람들은 이전보다 훨씬 더 젊고 활기찬 삶을 누리고 있다. 요즘 60대에게 '노인'이라는 단어를 쉽게 적용하기 어려울 정도로 말이다. 그들의 신체적 활동, 체력, 심지어 외모까지도 나이를 가늠할 수 없을 정도로 젊어 보인다. 하지만 마음 또한 신체만큼 젊음을 유지하고 있을까?

> 나이가
> 든다는 것은
> 무엇을
> 의미할까?

젊음을 떠올릴 때 가장 먼저 떠오르는 것은 '창창한 미래'라는 개념이다. 젊은 사람들에게는 많은 시간과 가능성이 있으며, 새로운 꿈을 꿀 여지가 넉넉하다. 그러나 나이가 들수록 사람들은 자신에게 남은 시간이 줄어든다는 것을 체감하게 되며, 미래에 대한 기대와 계획이 줄어드는 경향을 보인다. 그렇기에 노화를 맞이하고 받아들여야 하는 우리 사회는 개인이 어떻게 마음속의 젊음을 유지하는지에 대해 이해해 볼 필요가 있다.

미래시간조망과 웰빙

심리학 연구에 따르면, 개인이 미래를 어떻게 인식하고 고려하는 것이 전반적인 웰빙에 중요한 영향을 미친다고 한다. 미래시간조망(Future Time Perspective)이 넓은 사람, 즉 주관적으로 많은 미래와 가능성이 있다고 믿는 사람일수록 더 건강한 생활 습관을 유지하는 경향이 있으며, 낮은 체질량지수(BMI), 양질의 수면, 그리고 약물 사용 감소와 같은 긍정적인 결과로 이어진다(Zacher & Frese, 2009). 그러나 미래시간조망은 나이가 들면서 점차 좁아지게 되는데, 이는 인생에서 남은 시간이 제한적이라고 생각하는 경향성을 뜻한다.

이러한 변화는 목표 설정과 동기에 영향을 미쳐, 장기적인 목표 행동에 대한 관심을 감소시킬 수 있다. 예를 들어, 고령자는 장기적인 건강 관리를 위한 투자보다는 즉각적인 정서적 만족을 더 중시하는 경향이 있는데, 이는 노인들의 건강에 부정적인 영향을 미칠 가능성이 있다(Kahana et al., 2014). 따라서 고령자들에게 넓은 미래시간조망을 유지하게 돕는 것은 그들의 건강한 생활 습관과 긍정적인 건강 결과로 이어지게 할 가능성이 있다. 그렇다면 고령화 사회 속 한국인들의 미래시간조망은 어떤 경향을 보이고 있을까? 이 질문에 대한 답을 찾기 위해 카카오같이가치를 통해 한국인의 미래시간조망과 관련된 데이터를 분석해보았다.

> 이러한 변화는 목표 설정과 동기에 영향을 미쳐, 장기적인 목표 행동에 대한 관심을 감소시킬 수 있다.

미래시간조망은 어떻게 측정할까?

미래시간조망을 측정하는 대표적인 도구로 미래시간조망 척도가 있다(Carstensen & Lang, 1996). 미래시간조망 척도는 개인의 미래

미래시간조망 척도 문항
1 나의 미래는 나를 기다리는 기회들로 가득하다.
2 나는 앞으로 새로운 목표를 많이 세울 것이다.
3 나의 미래는 가능성으로 가득하다.
4 인생의 마지막까지는 아직 많은 시간이 남았다.
5 나의 미래가 무한하게 느껴진다.
6 앞으로 나는 원하는 건 무엇이든지 할 수 있다.
7 내 인생에는 새로운 계획을 세울 시간이 충분히 있다.
8 시간이 얼마 남지 않았다는 느낌이 든다. (역문항)
9 미래의 가능성은 제한되어 있다. (역문항)
10 나이가 들면서 나의 시간이 제한되어 있다고 느낀다. (역문항)

시간에 대한 인식을 조사하는 10개의 문항으로 구성되어 있다. 실험 참가자들은 각 문장을 읽고, 각 문장이 얼마나 자신의 생각을 나타내는지를 7점 척도(1=전혀 그렇지 않다, 7=매우 그렇다)를 사용하여 응답하는 방식으로 이루어진다. 각 문항의 점수가 높을수록 더 넓은 미래시간조망을 가지고 있다는 것을 의미한다.

한국인의 미래시간조망

카카오같이가치 미래시간조망 조사는 2019년도부터 2024년도까지 이루어졌고, 총 26만 4,570명이 참여했다. 응답자 중 여성이 14.7%를 차지했으며, 10~30대 응답자들이 72%로 대다수를 차지했다. 2019년도부터 2024년도 사이의 한국인의 미래시간조망 수준은 7점 만점에 4.60점(표준편차 1.24)이었다. 대부분의 응답자가 자신의 미래시간조망 수준을 '보통'에 해당하는 4점으로 평가했다 (그래프 22).

성별과 연령에 따른 한국인의 미래시간조망 추이

한국인의 미래시간조망 수준을 성별로 분석한 결과, 남성(평균 4.73점)이 여성(평균 4.58점)보다 미래시간조망 점수가 높게 나타났다. 그렇다면 연령에 따른 미래시간조망 수준은 어떻게 나타났을까? 미래시간조망 점수가 가장 높은 연령대는 10대였으며 나이가 들면서 점차 떨어지는 것을 발견할 수 있다. 이 결과는 사람들이 나이가 들면서 자신에게 주어지는 시간이 얼마 남지 않았다는 것을 지각하

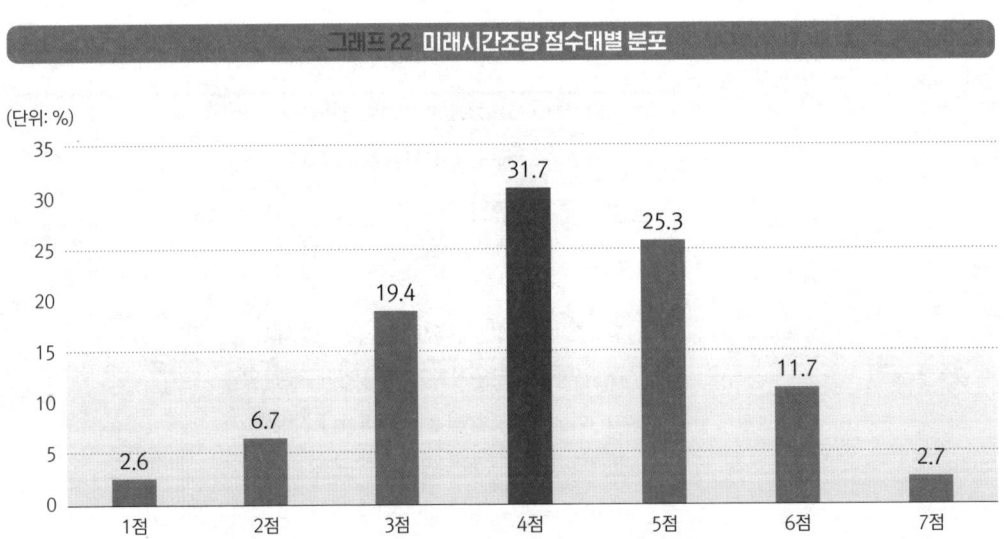

그래프 22 미래시간조망 점수대별 분포

미래시간조망 점수가 가장 높은 연령대는 10대였으며 나이가 들면서 점차 떨어지는 것을 발견할 수 있다.

고, 미래에 대해 생각하는 시간이 줄어들기 시작한다는 것을 의미한다(그래프 23). 나이가 들면서 미래시간조망이 떨어지는 패턴은 여자와 남자 모두에게 비슷하게 나타났다(그래프 24). 또한 조사 기간에 따라 미래시간조망 점수가 떨어지는 것을 관찰할 수 있는데, 이는 실험 참가자들의 연령이 높아지면서 보이는 현상이라고 추측된다(그래프 25).

가장 미래시간조망이 높은 지역은?

거주 지역에 따라 미래시간조망 점수에 차이가 날까? 거주 지역별 미래시간조망 점수 평균값을 계산한 결과, 세종시의 미래시간조망 점수가 4.66점으로 가장 높았다(그래프 26). 그 뒤를 이어 제주, 부산, 해외 순으로 미래시간조망이 높은 것으로 보고됐다. 가장 미래시간조망이 낮은 지역은 경북, 충남, 인천 순이었다.

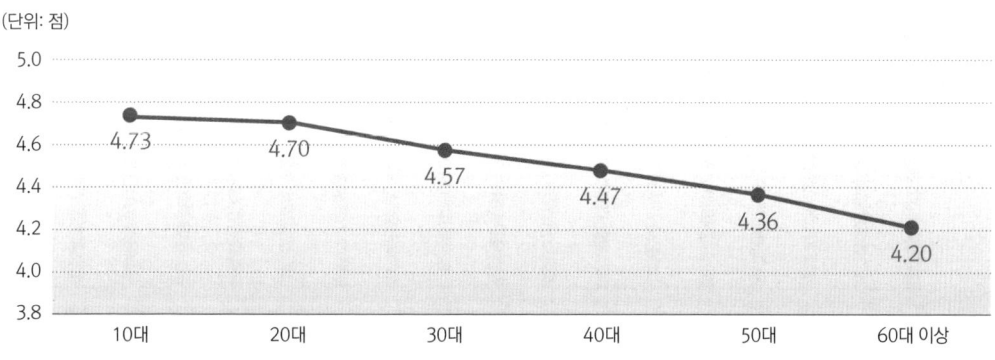

그래프 23 나이에 따른 미래시간조망 변화

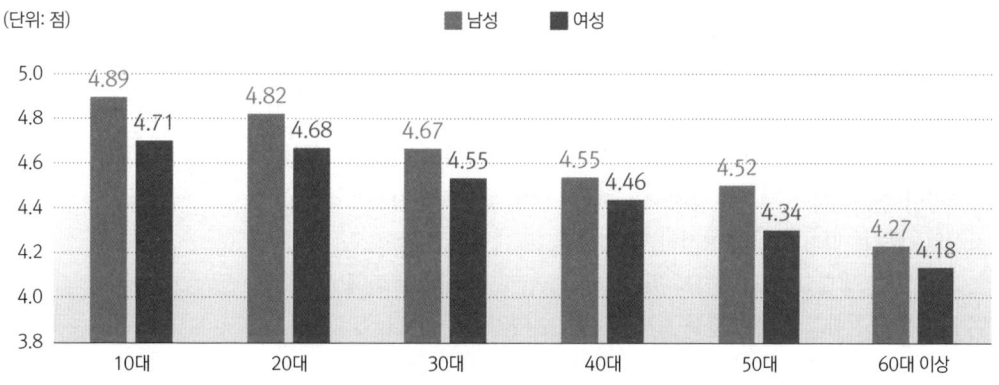

그래프 24 성별과 연령별 미래시간조망 점수

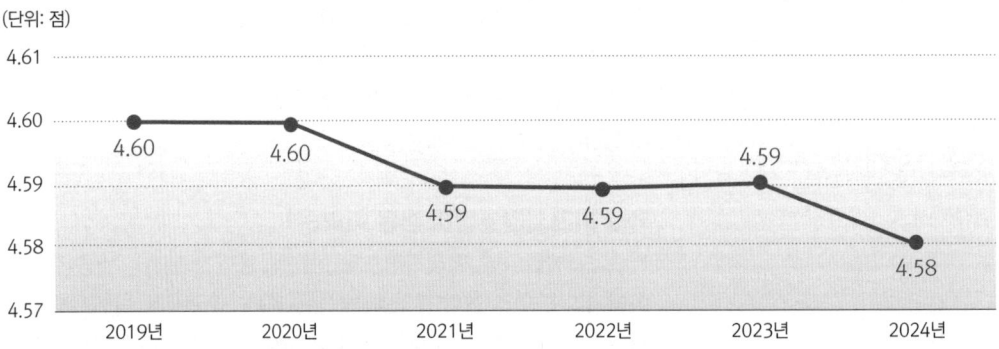

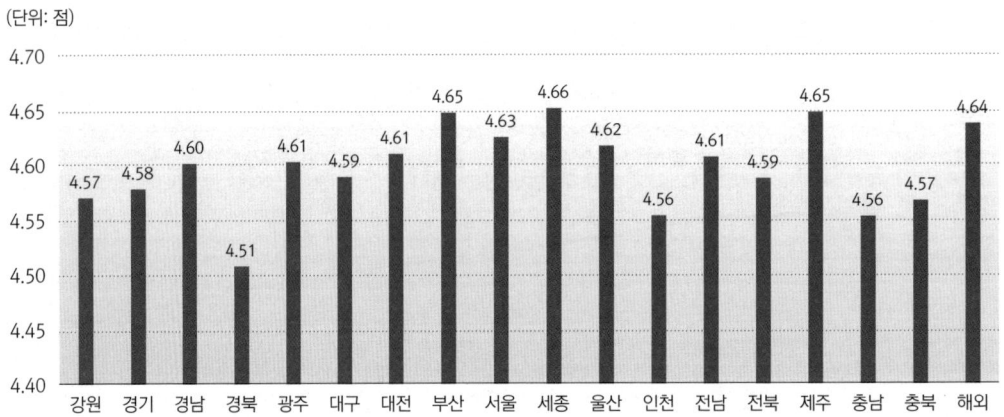

미래시간조망과 웰빙

한국인의 미래시간조망과 웰빙은 어떤 관계를 보일까? 분석 결과 미래시간조망과 웰빙 지표들 간의 관계가 있는 것을 발견했다 (그래프 27, 상단). 즉 미래시간조망 점수가 높을수록 사람들의 웰빙과 긍정정서는 높은 반면, 부정정서는 낮았다. 나이가 들면서 미래시간조망이 좁아진다는 결과를 생각해볼 때, 나이가 들수록 사람들은 자신의 웰빙을 지키기 위해 여전히 남은 시간, 그 미래가 가지고 오는 가능성과 '창창함'을 유지하기 위해 노력하는 것이 심리적·신체적 젊음을 유지하고 젊은 노후를 보낼 수 있는 비법이 될 수 있을 것이다.

청소년에게 미래에 대한 긍정적 시각을 갖도록 돕는 것이 행복 증진에 효과적일 수 있다.

연령대별로 미래시간조망과 웰빙의 관계를 살펴본 결과, 모든 연령대에서 미래시간조망과 웰빙이 정적으로 관련되어 있음이 확인되었다. 다시 말해, 미래를 긍정적으로 바라볼수록 행복 수준이 높다는 것을 의미한다. 그러나 연령대에 따라 미래시간조망과 행복 간 관계의 정도에는 다소 차이가 있었다(그래프 27, 하단). 특히 10대 청소년의 경우 미래시간조망과 웰빙 간 관련성이 가장 높게 나타난 반면, 중장년층에서는 그 정도가 상대적으로 낮게 나타났다. 이는 청소년에게 미래에 대한 긍정적 시각을 갖도록 돕는 것이 행복 증진에 효과적일 수 있음을 시사한다. 한편 중장년층에서도 미래시간조망과 웰빙 간의 관련성은 청소년보다 낮지만 여전히 중간 수준 이상의 관련성을 보이고 있어, 미래에 대한 긍정적 관점이 이들의 행복에도 도움이 될 수 있음을 보여준다. 다만 중장년층의 경우 미래보다 현재에 집중하거나 과거를 회고하는 방식이 웰빙에 더 효과적일지는 향후 추가적인 자료 수집과 분석을 통해 확인할 필요가 있다.

그래프 27 미래시간조망과 연령 및 행복의 상관관계

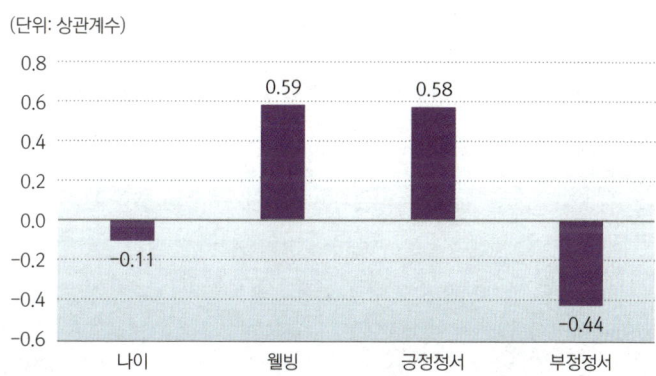

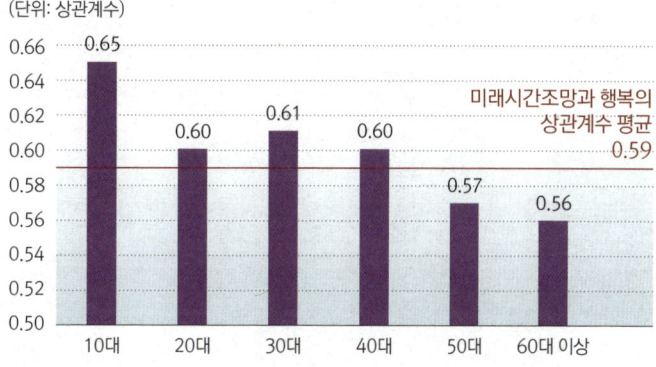

KOREA HAPPINESS REPORT 2025

Happiness in 2024

대한민국 행복지도 2025

3-2
집단주의와 개인주의
초점이 다른 2가지 가치관

지난 몇 년간 미디어와 일상생활에서 'MZ세대'라는 표현이 자주 등장하고 있으며, 특히 '개인주의'라는 개념과 함께 언급되는 경우가 많다. 이는 집단주의 성향이 우세한 기성세대에게 개인주의 성향이 다소 낯설게 느껴진다는 것을 시사한다. 이 장에서는 대한민국의 집단주의 성향과 개인주의 성향을 파악하고 이러한 성향이 행복과 어떠한 관계가 있는지 탐구해보았다.

MZ세대는 개인의 취향과 개성을 중요시하고, 솔직한 표현을 선호하고, 일에서는 일과 삶의 균형(워라밸)과 재미를 추구하며 공정한 보상과 개인의 성장을 중시하고, 불공정이나 불합리에 민감한 것으로 인식된다(호규현, 심승범, & 조재희, 2023). 기성세대는 이러한 가치관을 개인주의가 강하다고 표현하기도 한다. 개인주의, 그리고 그와 짝을 이루는 집단주의는 무엇이며, 각각 어떠한 삶의 방식으로 이어질까?

집단주의는 개인보다 집단을 중시하는, 개인주의는 집단보다 개인을 중시하는 성향 혹은 가치관을 의미한다(Hofstede, 1980; Triandis, 1995). 각 문화에서 집단주의와 개인주의 두 성향 모두 존재하지만 비교적 어떠한 성향이 더 강한지에 따라 문화심리학자들은 집단주의 혹은 개인주의 문화로 구별하기도 한다. 그중 대한민국은 집단주의 성향이 강한 국가로 알려져 있고, 미국은 개인주의 성향이 강한 국가의 예로 들 수 있다(Veenhoven, 1999; Hofstede 등, 2010). 집단주의 문화에서는 집단의 목표와 집단 내 조화가 중요하게 여겨지며 사람들은 역할, 타인, 상황 등으로부터 발생하는 의무와 기대에 대응하기 위해 행동을 취하는 반면, 개인주의 문화에서는 집단과 독립적인 존재로 여겨지는 개인의 목표와 자율성이 중요하고 사람들은 자신의 취향, 의도, 목표를 실현하고 표현하기 위해 행동한다(Markus & Kitayama, 1991; Markus & Kitayama, 2003).

이러한 다른 초점은 다양한 차이를 초래한다. 예를 들어, 집단주의 문화에서는 개인주의 문화에 비해 물건을 고를 때 무난하고 눈에 띄지 않는 것을 선호하고(Kim & Markus, 1999), 심지어 마주한 결정을 선택(choice) 사항으로 인지할 확률도 더 낮다(Savani 등, 2010). 또한 옳고 그름을 따질 때 집단주의 문화에서는 충성과 권위 등 집단 단결에 도움이 되는 도덕적 가치를 중요시하는 반면, 개인주의 문화에서는 케어와 공정 등 개인에 집중된 도덕적 가치를 중요시한다(Kim 등, 2012; Yilmaz 등, 2016; Zhang & Li, 2015).

즉 집단주의와 개인주의 성향에서 차이가 벌어질 경우 상당히 다른 삶의 방식으로 이어질 가능성이 높다. 이러한 성향 차이는 국가 차원에도 존재하지만 한 국가 내에서도 존재할 수 있다. 예를 들어, 미국은 대개 개인주의가 강한 국가이지만 지역에 따라 성향이 다르고(Vandello & Cohen, 1999), 육체노동 직업군 혹은 하위 사회계층에 있는 사람들은 집단주의 성향이 강한 것으로 알려져 있다(Na 등,

2016; Markus & Kitayama, 2003). 더 작은 단위로는 가족 간의 차이, 개인 간의 차이 등등이 존재할 수 있다.

또한 시간의 흐름에 따라 성향에 변화가 있을 수 있다. Santos 등(2017)의 연구에 따르면 51년간 몇몇 국가 제외하고는 전 세계적으로 개인주의 성향이 12% 증가했고, 이것은 사회경제적 발전과 관련 있는 것으로 나타났다. 대한민국에서 집단주의와 개인주의 성향의 최근 주소가 어떻게 되는지, 어떠한 집단 차이가 존재하는지, 그리고 각 성향이 행복과 어떠한 관계를 맺는지 알아보자.

2019~2024년 한국인의 집단주의와 개인주의 성향

한국인의 집단주의와 개인주의 성향은 얼마나 강할까? 카카오같이가치를 통해 집단주의·개인주의 데이터를 2019년 11월 15일부터 2024년 12월 31일까지 수집했으며, 총 59만 2,021명이 조사에 참여했다. Triandis와 Gelfand(1998)의 16개 문항 척도를 한국어로 번역해서 사용했으며, 응답자는 각 문항에 동의하는 정도를 7점 척도(1점=전혀 그렇지 않다, 7점=매우 그렇다)로 보고했다.

> 한국인의 집단주의와 개인주의 성향은 얼마나 강할까? 한국인의 집단주의 점수는 평균 4.84점, 개인주의 점수는 평균 4.88점으로 개인주의 성향이 집단주의 성향보다 근소하게 높았다.

집단주의 측정 문항	개인주의 측정 문항
동료의 행복은 내게 중요하다.	무엇이든 이기는 게 중요하다.
만일 동료가 상을 받는다면 나 역시 뿌듯할 것이다.	남들보다 일을 더 잘하는 것은 중요하다.
다른 사람들과 시간을 함께 보내는 것이 즐겁다.	나는 종종 혼자서 일한다.
다른 사람들과 협동할 때 기분이 좋다.	경쟁은 어쩔 수 없는 일이다.
집단이 내린 결정을 존중하는 일은 내게 중요하다.	다른 사람들이 나보다 일을 잘할 때 긴장되고 흥분된다.
희생이 요구된다 해도 가족이라면 힘을 모아야 한다.	남들에게 의지하기보다 나 자신을 믿는다.
부모와 아이들은 가능한 한 함께 지내야 한다.	대부분의 경우 나 자신에게 의지한다.
가족을 돌봐야 한다면 내가 원하는 것을 희생할 수 있다.	남들과는 다른 자신만의 정체성은 매우 중요하다.

응답자 중 여성이 77%, 남성이 23%를 차지했고, 20~30대가 68%로 절반 이상을 차지했다. 한국인의 집단주의 점수는 평균 4.84점(표준편차 .93), 개인주의 점수는 평균 4.88점(표준편차 .84)으로 개인주의 성향이 집단주의 성향보다 근소하게 높았고, 이 차이는 통계적으로 유의했다. 4점과 5점대 응답자가 집단주의 척도에서는 73%, 개인주의 척도에서는 77%를 차지했고 가장 많았다(그래프 28). 이 두 가지 성향은 작지만 정적인 상관관계를 보였다(상관계수=.15).

> 카카오같이가치 데이터로도 MZ세대의 비교적 강한 개인주의 성향을 확인할 수 있었다.

집단주의와 개인주의 성향에 세대 차이가 존재할까?

기성세대가 말하는 MZ세대의 강한 개인주의 성향이 데이터로도 뒷받침되는지 알아보기 위해 집단주의 점수, 개인주의 점수, 그리고 집단주의 점수에서 개인주의 점수를 뺀 차이점수를 연령대별로 살펴보았다(그래프 29). 차이점수는 높을수록(양수일 경우) 집단주의 성향이 개인주의 성향보다 강하다는 것을, 그리고 낮을수록(음수일 경우) 개인주의 성향이 집단주의 성향보다 강하다는 것을 의미한다.

집단주의 점수는 10대에 높고, 20대에 떨어지고, 30대부터 60대 이상까지 증가하는 U자 형태를 나타냈다. 반면 개인주의 점수는 10대부터 60대 이상까지 증가하는 패턴을 보였다. 차이점수도 집단주의 점수와 비슷하게 U자 형태를 나타냈고 가장 나이가 적은(10대), 그리고 가장 나이가 많은(50~60대 이상) 집단에서는 집단주의가 개인주의 성향에 비해 유의하게 강한 반면, 20~30대(MZ세대) 집단에

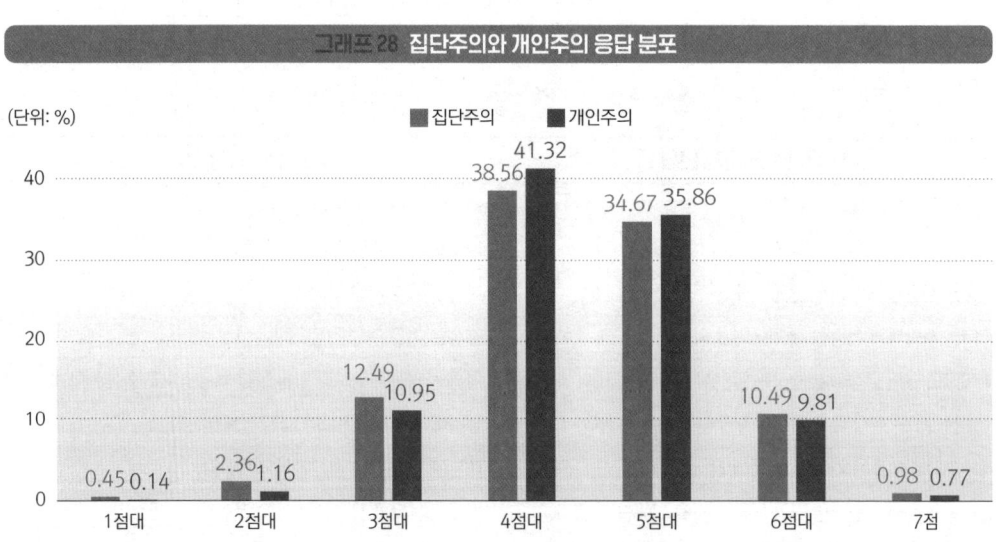

그래프 28 집단주의와 개인주의 응답 분포

서는 개인주의 성향이 집단주의 성향에 비해 유의하게 강한 것으로 나타났다. 즉 카카오같이가치 데이터로도 MZ세대의 비교적 강한 개인주의 성향을 확인할 수 있었다. 앞서 대한민국 집단주의 전체 평균 점수보다 개인주의 전체 평균 점수가 근소하게 높았던 결과는 20~30대가 표본의 큰 비중을 차지해서 그런 것으로 보인다. 10대 집단(Z세대의 끝자락)은 성향이 20~30대보다는 기성세대와 더 비슷한 것으로 나타났다. 이는 소년기를 겪고 있는 집단의 특성인지, 세대의 특성인지 이 자료만으로는 알기 어렵지만 한 세대 안에서도 차이가 존재한다는 것을 보여준다.

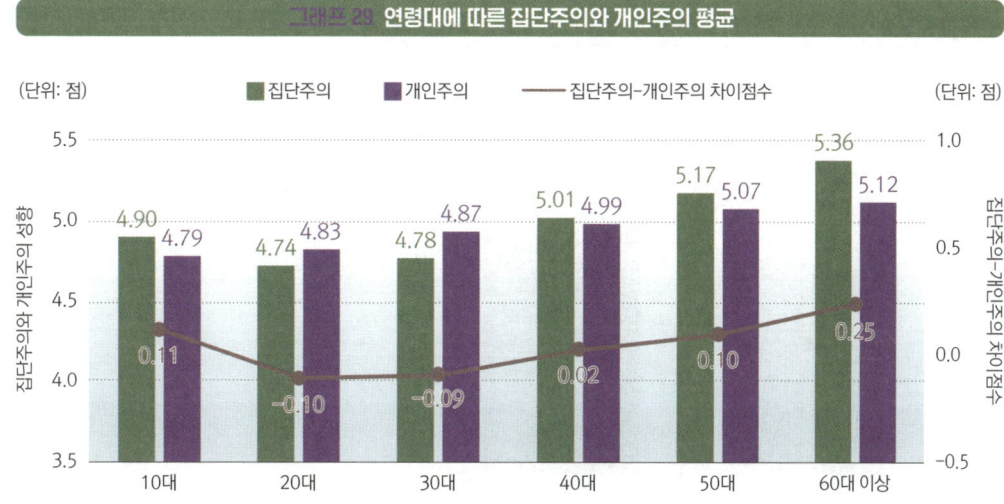

그래프 29. 연령대에 따른 집단주의와 개인주의 평균

여성과 남성, 누가 집단주의와 개인주의 성향이 더 강할까?

성별에 따른 성향 차이도 존재하는지 분석해보았다(그래프 30). 남성이 여성보다 집단주의와 개인주의 점수가 모두 높았고 이것은 남성이 여성에 비해 개인주의 성향도 강하지만 개인주의 성향도 같이 강하다는 것을 보여준다. 집단주의와 개인주의 점수의 차이를 살펴본 결과 여성은 개인주의 성향이 집단주의 성향 보다 강한 반면, 남성은 집단주의 성향이 개인주의 성향보다 근소하게 강한 것으로 나타났다. 두 집단에서의 점수 차이는 유의했고, 여성의 차이점수가 남성의 차이점수보다 유의하게 낮은 것으로 여성이 남성에 비해 상대적 개인주의 성향이 더 강한 것으로 나타났다.

> 여성은 개인주의 성향이 집단주의 성향 보다 강한 반면, 남성은 집단주의 성향이 개인주의 성향보다 근소하게 강한 것으로 나타났다.

집단주의와 개인주의 성향이 성별과 연령대별로 어떻게 다를까?

성별과 연령대에 따른 집단주의와 개인주의 성향을 보기 위해 연령대별 분석을 성별로 나누어 비교해보았다(그래프 31). 앞서 기술된 연령대별 분석 결과와 비슷하게 여성과 남성 집단에서 모두 집단주의 점수는 U자 형태를, 그리고 개인주의 점수는 10대부터 60대 이상까지 증가하는 패턴을 보였다. 또한 앞서 기술된 남성이 여성보다 집단주의와 개인주의 점수 모두가 더 높은 패턴이 모든 연령대에서도 비슷하게 나타났다. 그런데 차이점수 분석에서 새로운 패턴들도 발견됐다. 일단 집단주의 점수에서 개인주의 점수를 뺀 차이점수의 범위는 연령대 전반에 걸쳐 여성이 -.12~.28점으로, 남성

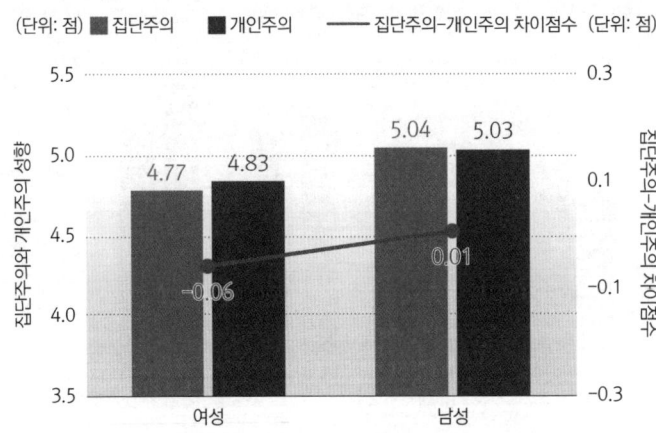

그래프 30 성별에 따른 집단주의와 개인주의 평균

그래프 31 성별과 연령대별 집단주의와 개인주의 평균

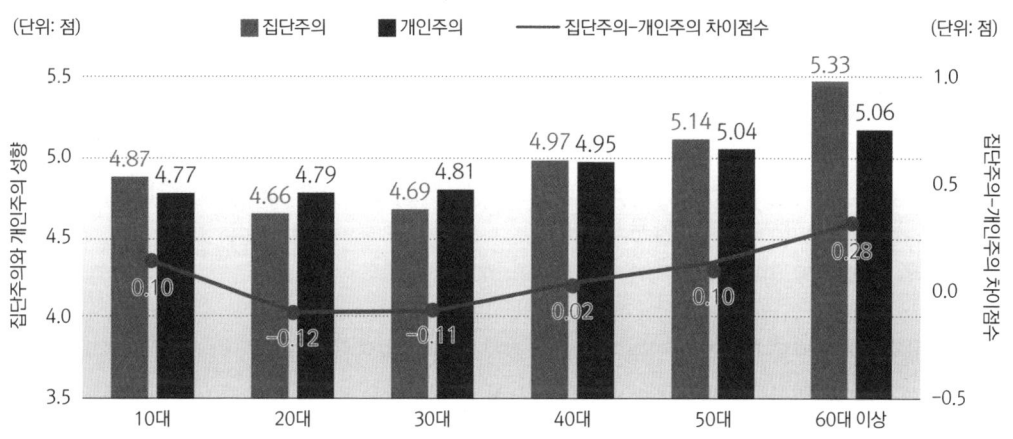

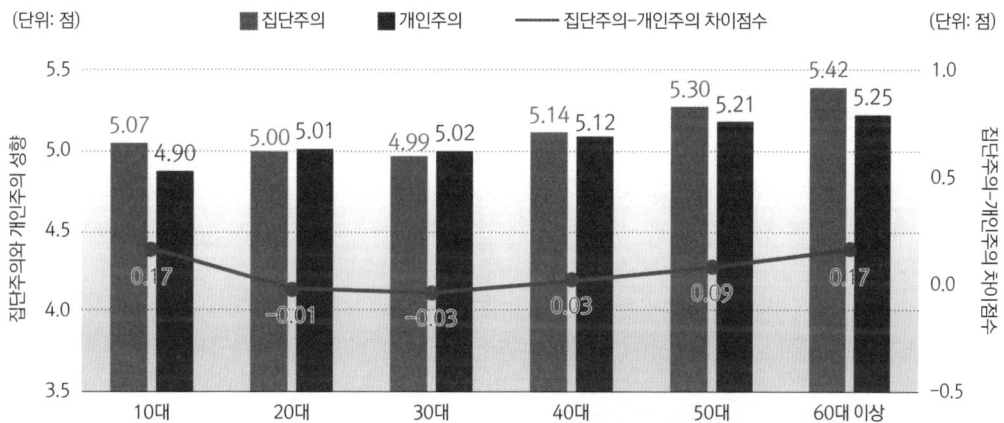

의 -.03~.17점에 비해 2배 넓었다. 이것은 평균적으로 여성이 남성에 비해 한 성향을 다른 한 성향보다 더 강하게 갖는다는 것을 의미한다.

간편한 기술을 위해 양수인 차이점수를 상대적 집단주의 성향, 그리고 음수인 차이점수를 상대적 개인주의 성향이라고 지칭하겠다. 여성은 20~30대에 상대적 개인주의 성향이 가장 강했고, 60대 이상일 때 상대적 집단주의 성향이 가장 강했다. 남성은 20대에는 집단주의와 개인주의 점수 간의 차이가 유의하지 않았고, 30대에 상대적 개인주의 성향이 가장 강했으며, 10대와 60대 이상일 때 상대적 집단주의 성향이 가장 강했다. 연령대별로 성별 간의 차이점수를 비교해본 결과 10대에는 남성이 여성보다 상대적 집단주의 성향이 강하고, 20~30대에는 여성이 남성보다 상대적 개인주의 성향이 강하며, 60대 이상에는 여성이 남성보다 상대적 집단주의 성향이 더 강한 것으로 나타났다.

지역별 집단주의와 개인주의 성향은 어떨까?

차이점수를 이용하여 지역별로 상대적 집단주의와 개인주의 성향을 살펴보았다(그림 3). 전라남도가 상대적 집단주의 성향이 가장 강한, 그리고 서울특별시가 상대적 개인주의 성향이 가장 강한 지역으로 나타났다. 서울특별시는 대한민국을 대표하는 가장 큰 도시이고, 상대적 개인주의 성향 순위에서 그 뒤를 따르는 광역시들도 도시권에 속해 있다. 이는 현대화와 개인주의 성향이 정적인 관계를 보인다는 연구(Santos 등, 2017)와 일치한다.

전라남도가 상대적 집단주의 성향이 가장 강한, 그리고 서울특별시가 상대적 개인주의 성향이 가장 강한 지역으로 나타났다.

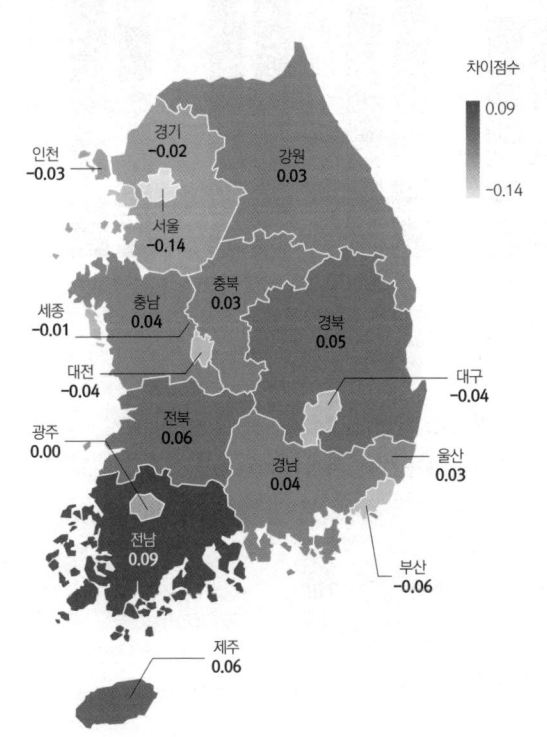

그림 3 지역별 집단주의-개인주의 차이점수 평균

집단과 개인에
초점을 두는 성향은
행복에 어떠한
영향을 미칠까?

집단주의와 개인주의 성향이 행복에 미치는 영향

집단과 개인에 초점을 두는 성향은 행복에 어떠한 영향을 미칠까? 기존 국가 차원에서 진행된 연구에서는 개인주의 성향이 강한 국가가 행복 수준이 더 높은 것으로 밝혀졌다(Diener 등, 1995; Suh & Oishi, 2002; Veenhoven, 1999). 하지만 이 패턴은 한 국가 내에서 다를 수 있고, 국가에 따라 또 다를 수 있다(Ogihara & Uchida, 2014; Steele & Lynch, 2013). 한국에서 집단주의와 개인주의 성향이 행복과 어떠한 관계를 보이는지 알아보기 위해 각 성향과 안녕지수 총점 및 하위 요인(삶의 만족, 삶의 의미, 긍정정서, 부정정서, 스트레스)과의 상관관계를 살펴보았다(그래프 32).

집단주의 성향은 안녕지수 총점, 삶의 만족, 삶의 의미, 긍정정서와는 정적인 관계를, 부정정서와 스트레스와는 부적인 관계를 맺고 있었다. 즉 집단을 더 중시할수록 더 행복할 확률이 높은 것으로 나타났다. 개인주의 성향은 집단주의 성향과 비슷하게 안녕지수 총점, 삶의 만족, 삶의 의미, 긍정정서와 정적인 관계를 맺었지만 상관이 전체적으로 더 약했다. 흥미로운 점은 개인주의 성향은 집단주의 성향과는 다르게 부정정서, 스트레스와 정적인 상관을 보였다는 것이다.

이 결과는 개인주의 성향이 강할수록 더 행복할 확률이 높아지기도 하지만 동시에 부정정서와 스트레스도 더 많이 경험할 확률도 높다

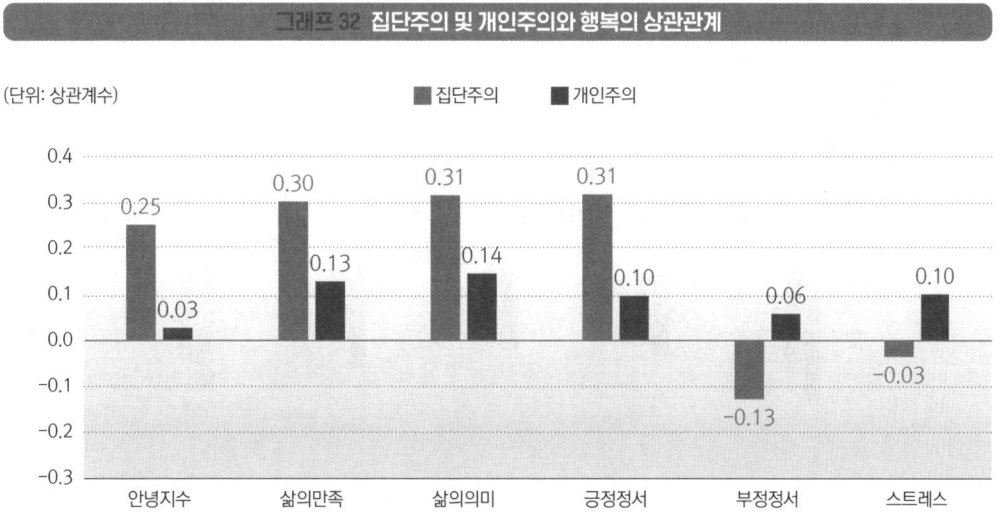

그래프 32 집단주의 및 개인주의와 행복의 상관관계

는 것을 의미한다(이로 인해 개인주의 점수와 안녕지수 총점과의 상관관계가 비교적 약하게 나타난 것으로 보인다). 개인주의 성향과 부정정서·스트레스와의 정적 상관관계에는 다양한 이유가 있을 수 있지만 대한민국과 같은 집단주의 성향이 강한 사람들도 있는 사회에서 강한 개인주의 성향을 지닌 사람은 그로 인해 행복에 방해되는 일들을 자주 겪게 될 가능성도 있어 보인다.

> 개인주의 성향은 집단주의 성향과는 다르게 부정정서, 스트레스와 정적인 상관을 보였다.

집단주의·개인주의 성향과 행복의 관계, 연령에 따라 달라지는가?

집단주의 점수에서 개인주의 점수를 뺀 차이점수와 행복의 상관관계를 연령대별로 분석한 결과 모든 연령대에서 상대적 집단주의 성향이 높을수록 삶의 만족, 삶의 의미, 긍정정서를 더 경험하고, 부정정서와 스트레스를 덜 경험하고, 전체적으로 더 행복할 확률이 높았다 (그래프 33). 하지만 이러한 상관관계는 10대와 60대 이상 집단에서 가장 강했고 30~50대 집단에서 가장 약했다. 왜 이러한 차이가 존재하는지 이 자료만으로는 정확한 이유를 파악하기 어렵지만 친구와의 관계가 큰 비중을 차지하는 소년기와 타인의 도움이 더 필요해지는 노년기에는 집단과 관계 등을 중요시하는 것이 행복에 더 큰 영향을 주는 것으로 보인다.

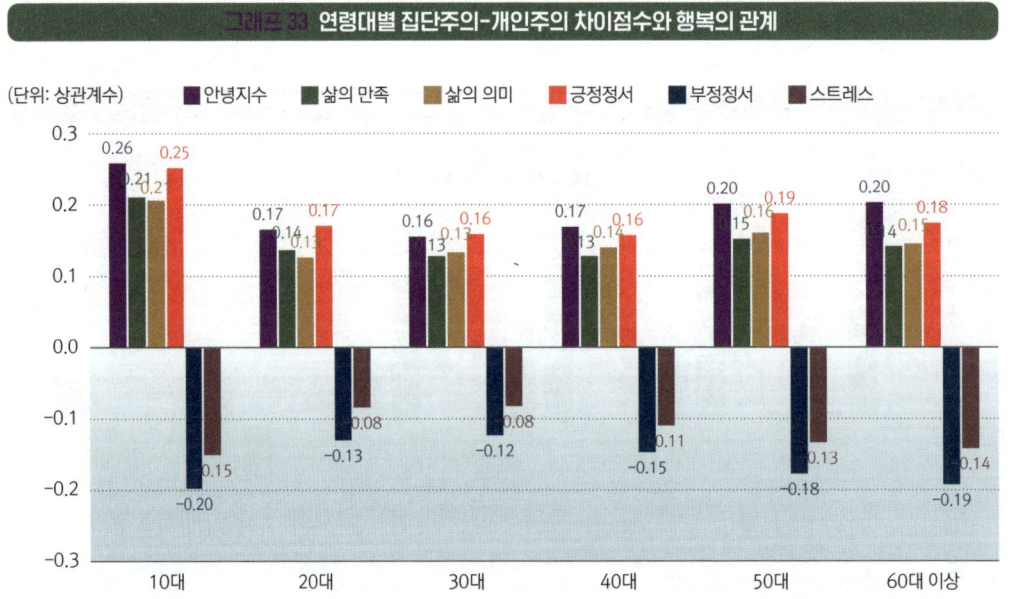

그래프 33 연령대별 집단주의-개인주의 차이점수와 행복의 관계

2019~2024년 대한민국은 집단주의와 개인주의 성향이 거의 비슷했지만 개인주의 성향이 근소하게 더 강했다.

지금까지 집단주의와 개인주의 분석에서 발견된 내용을 요약하면 다음과 같다.

- 2019~2024년 대한민국은 집단주의와 개인주의 성향이 거의 비슷했지만 개인주의 성향이 근소하게 더 강했다.
- 집단주의 성향은 10대부터 60대 이상까지 U자형 패턴을 보인 반면 개인주의 성향은 계속 증가하는 패턴을 보였다. 집단주의 점수에서 개인주의 점수를 뺀 차이점수 또한 U자 형태를 보였다.
- 20~30대 집단에서 차이점수가 가장 낮았고(상대적 개인주의 성향이 가장 강했고) 10대와 60대 이상 집단에서 차이점수가 가장 높았다(상대적 집단주의 성향이 가장 강했다).
- 남성이 집단주의와 개인주의 성향 모두 여성보다 강했지만 차이점수 분석에서는 여성이 남성보다 점수가 낮은(상대적 개인주의 성향이 강한) 것으로 나타났다.
- 서울 등 도시권에 있는 지역이 차이점수가 가장 낮은(상대적 개인주의 성향이 가장 강한) 것으로 나타났다.
- 집단주의와 개인주의 성향 모두 삶의 만족, 삶의 의미, 그리고 긍정정서를 정적으로 예측했지만 집단주의 성향은 부정정서와 스트레스를 부적으로, 그리고 개인주의 성향은 부정정서와 스트레스를 정적으로 예측했다.

KOREA HAPPINESS REPORT 2025

Happiness in 2024

3-3
행복한 사람은 공감할 줄 알고, 나눌 줄 안다

이 장에서는 정서적 공감은 선행으로 이어지는지, 그리고 행복한 사람일수록 이러한 효과가 강하게 나타나는지 경로 분석을 통해 확인해보았다.

2024년 갤럽은 142개 국가의 14만 5,702명을 대상으로 선행을 얼마나 자주 하고 있는지 조사한 결과를 발표했다. 세계기부지수는 '자선단체에 현금을 기부를 한 적이 있는지', '낯선 사람을 도와준 적이 있는지', 그리고 '자선단체에 시간을 들여 봉사활동을 한 경험이 있는지'에 대한 응답을 바탕으로 산출된다. 1위는 인도네시아로, 7년 연속 정상을 차지했다. 케냐는 인도네시아에 이어 2위를 기록했고, 반면 폴란드는 142위로 최하위를 기록했다.

이 결과는 흥미로운 질문을 던지게 한다. 예를 들어, 인도네시아의 봉사활동 참여율은 65%로, 근로시간이 짧은 국가로 알려진 독일(27%)보다 약 2.41배 더 높았다. 또한 케냐의 1인당 GDP는 2023년 기준 1,808달러로, 폴란드(17,391달러)의 약 1/10 수준에 불과하다. 그러나 기부율을 비교해보면, 케냐(56%)는 폴란드(15%)보다 약 3.73배 더 높은 기부율을 보였다.

그렇다면 한국의 상황은 어떨까? 2024년 세계기부지수 조사 결과, 한국은 142개 국가 중 88위를 기록했다. 2021년 110위에 비해 많이 상승했으나, 여전히 하위권에 머물고 있다. 또한 통계청(2024) 조사 결과, 최근 10여 년간 한국인의 기부율은 지속적으로 감소했다 (그래프 34). 이는 세계기부지수에서 한국이 해마다 하위권에 머무는 결과와 맥락을 같이한다.

> 2024년 세계기부지수 조사 결과, 한국은 142개 국가 중 88위를 기록했다.

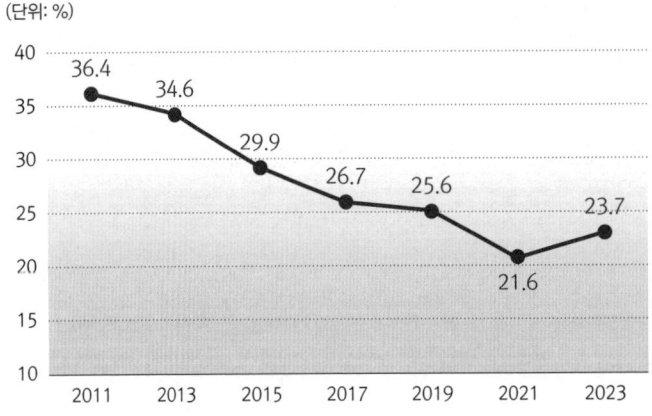

그래프 34 기부율 변화 추이

> 이는 타인을 향한 관심과 도움 행동이 시간이나 물질적 풍요에 비례하지 않을 수 있음을 시사한다.

이는 타인을 향한 관심과 도움 행동이 시간이나 물질적 풍요에 비례하지 않을 수 있음을 시사한다. 카카오같이가치 자료를 활용하여 타인을 향한 따뜻한 관심과 도움 행동의 정도를 살펴보고, 사람들이 타인을 돕는 데 영향을 미치는 요인이 무엇인지에 대한 실마리를 찾고자 했다. 이를 위해 2021년 2월부터 2024년 12월까지 수집된 12만 2,499명(총 응답 건수 13만 9,783건)의 자료를 분석했다.

정서적 공감은 총 6문항으로 구성되어 있으며, '나보다 불행한 사람을 보면 대체로 안쓰러운 마음이 든다', '다른 사람에게 이용당하는 사람을 보면 지켜주고 싶다'와 같은 문항을 포함하고 있다(김환, 한수미, 2016). 응답자들은 각 문항을 읽고 5점 척도(1=전혀 아니다, 5=매우 그렇다) 상에 응답했으며, 점수가 높을수록 타인에 대한 정서적 공감 수준이 높음을 의미한다. 이와 함께 세계기부지수에서 측정한 문항과 동일한 질문을 포함하여 응답자들은 지난 한 달간 모르는 사람을 도와준 경험, 자선단체에 기부한 경험, 그리고 봉사활동을 한 경험에 해 각각 '예' 또는 '아니오'로 응답했다.

정서적 공감의 평균은 5점 만점에 3.71점(표준편차 0.72점)으로 나타났다. 점수대별 분포를 살펴보면, 3점대가 45.2%로 가장 많은 것으로 나타났다. 정서적 공감이 높은 사람(4점대 이상)의 비율은 41.6%로, 정서적 공감이 낮은 사람(2점대 이하, 13.1%)과 비교했을 때 약 3.18배 더 많은 것을 확인할 수 있었다. 이는 절반에 가까운 사람들이 다른 사람들의 처지를 이해하고 공감하고 있음을 보여준다 (그래프 35).

다른 사람을 향한 도움 행동의 경우, 그 종류에 따라 참여율에 차이가 있는 것이 확인됐다. '낯선 타인을 도와준 경험'은 49.8%로, 지난 한 달 동안 절반에 가까운 사람들이 도움 행동을 실천한 것을 확인할 수 있었다. 반면 기부 경험은 26.3%, 봉사활동 경험은 9.6%에 그쳤다. 이를 통해 한국인들은 금전적 기부나 시간과 노력이 필요한 봉사활동보다 일상적이고 즉각적인 도움 행동에 더 많이 참여하고 있음을 알 수 있다.

그래프 35 정서적 공감과 도움 행동 분포

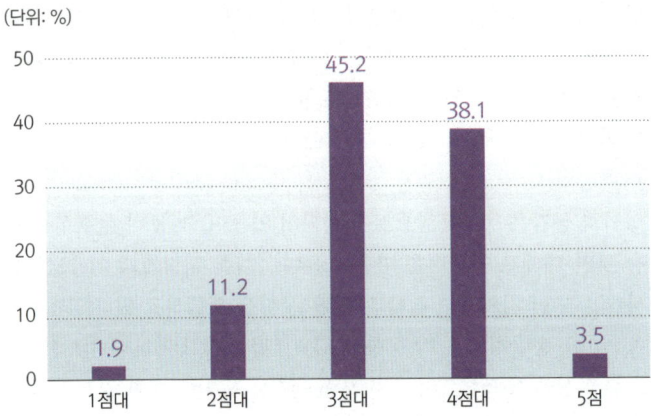

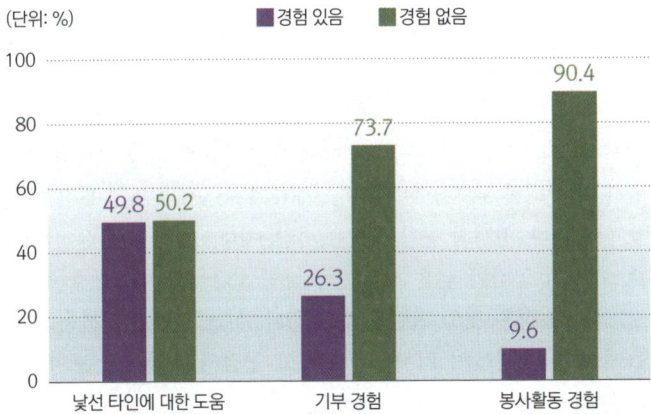

한국인들은 금전적 기부나
시간과 노력이 필요한 봉사활동보다
일상적이고 즉각적인 도움 행동에 더 많이
참여하고 있음을 알 수 있다.

성별×연령대별 정서적 공감

정서적 공감은 모든 사람들게 동일하게 나타날까? 먼저 성별에 따른 정서적 공감을 살펴본 결과, 여성(평균 3.73점)이 남성(평균 3.62)보다 다소 높게 나타났음을 확인할 수 있었다. 연령대별 평균을 살펴보면, 연령대가 높아질수록 정서적 공감 수준이 점차 증가하는 양상이 관찰됐다.

이러한 연령대별 변화 양상에 있어서 남녀 간 차이가 있는지 확인했다(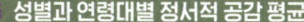). 그 결과 남성과 여성의 정서적 공감의 차이는 중년기인 40대까지 점차 커지는 양상을 보였다. 특히 30대와 40대에서 남녀 간 격차가 가장 크게 나타났다. 30대에서는 여성이 남성보다 평균 0.16점, 40대에서는 0.14점 더 높게 응답한 것으로 나타났다. 그러나 이 차이는 50대에 들어서며 급격하게 감소했으며, 60대 이상에서는 오히려 남성이 여성보다 소폭 더 높은 정서적 공감을 보이는 역전 현상이 나타났다. 그러나 이러한 차이는 매우 미미한 수준이었다.

그래프 36 성별과 연령대별 정서적 공감 평균

정서적 공감, 타인을 향한 선행으로 이어지다

세계기부지수와 최근 10년간 기부율 변화 추이에서 확인했듯이, 물질적 풍요나 시간적 여유는 타인을 위한 도움 행동과 반드시 비례하지 않을 수 있다. 그렇다면 정서적 공감은 도움 행동에 긍정적인 영향을 미칠 수 있을까? 이를 확인하기 위해 로지스틱 회귀분석(logistic regression analysis)을 수행한 결과, 정서적 공감은 모든 유형의 도움 행동에 긍정적인 영향을 미치는 것으로 나타났다. 그래프 37 은 오즈비(odds ratio, OR)를 나타낸 것으로, 정서적 공감 점수가 1점 증가할 때 각 도움 행동의 실천 확률이 몇 배 증가하는지를 나타낸다. 분석 결과에 따르면, 정서적 공감이 1점이 증가하면 모르는 사람을 돕는 행동은 2.00배, 기부 경험과 봉사활동은 각각 1.72배와 1.56배 증가하는 것으로 나타났다.

앞선 결과는 정서적 공감이 타인을 위한 선행에서 중요한 역할을 한다는 점을 보여준다. 그렇다면 행복한 사람일수록 정서적 공감이 선행으로 이어지는 효과가 더 강하게 나타날까? 다시 말해, 행복 수준에 따라 정서적 공감이 유도하는 선행의 정도가 달라질지 확인하고자 했다. 이를 위해 안녕지수가 평균보다 높은 집단(+1표준편차), 평균, 그리고 안녕지수가 낮은 집단(-1표준편차)으로 구분하여 오즈비를 비교했다. 그 결과 전반적으로 행복한 사람들이 그렇지 않은 사람들에 비해 정서적 공감이 선행으로 이어질 가능성이 더 높은 것으로 나타났다(그래프 38). 보다 구체적으로 모르는 사람에 대한 도움 행동의 경우, 안녕지수가 낮은 집단(2.02배)과 평균(1.99배)에 비해 안녕지수가 높은 집단은 2.12배로 나타났다. 이는 기부와 봉사활

그래프 37 도움 행동에 대한 정서적 공감의 오즈비(OR)

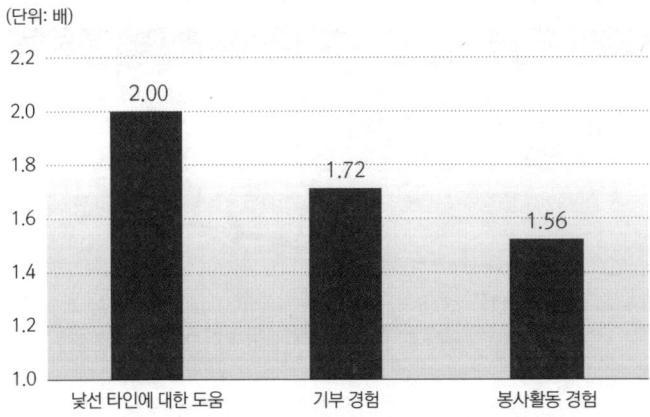

(단위: 배)

- 낯선 타인에 대한 도움: 2.00
- 기부 경험: 1.72
- 봉사활동 경험: 1.56

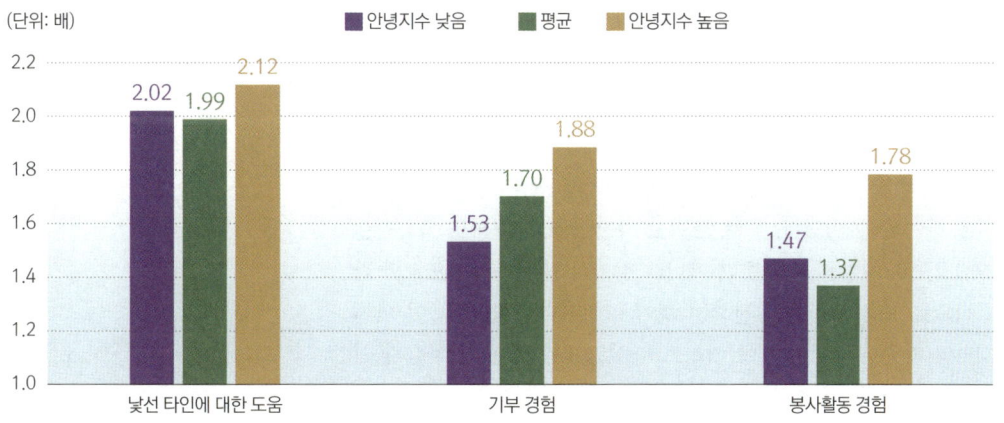

> 정서적 공감은
> 선행을 유도하며,
> 행복한 사람일수록
> 이러한 효과가 더욱
> 강하게 나타나는 것을
> 확인할 수 있었다.

동에서도 동일하게 나타났다. 특히 기부 행동의 경우, 행복하지 않은 사람들은 정서적 공감이 기부로 이어질 가능성이 1.53배로 나타났으나, 평균 수준의 행복을 누리는 사람들은 1.70배, 그리고 높은 수준의 행복을 경험하고 있는 사람들은 1.88배로, 행복 수준에 따라 정서적 공감의 도움 행동으로 이어지는 영향이 점진적으로 증가하는 양상이 관찰됐다.

지금까지의 결과를 종합하면, 정서적 공감은 선행을 유도하며, 행복한 사람일수록 이러한 효과가 더욱 강하게 나타나는 것을 확인할 수 있었다. 이를 보다 직접적으로 검증하기 위해 행복이 정서적 공

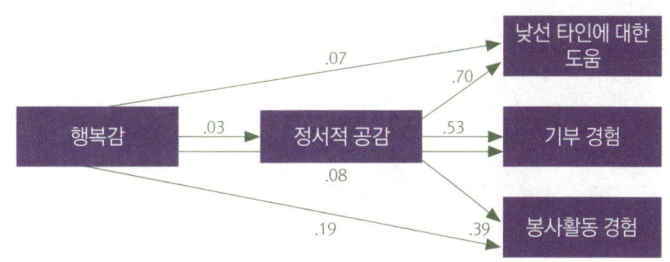

감을 매개로 타인을 위한 도움 행동에 어떤 영향을 미치는지 경로 분석(path analysis)을 통해 살펴보았다(그림 4).

분석 결과 다음과 같은 세 가지 사실을 확인할 수 있었다. 첫째, 행복감은 모든 유형의 선행, 즉 모르는 사람을 도와주거나 기부 또는 봉사활동을 하는 데 긍정적인 영향을 미치는 것으로 나타났다. 둘째, 정서적 공감 역시 도움 행동을 높이는 데 긍정적으로 작용하는 것을 확인할 수 있었다. 셋째, 그리고 가장 중요한 결과로 행복감은 직접적으로 영향을 미칠 뿐만 아니라 정서적 공감을 높임으로써 간접적으로 도움 행동을 촉진하는 것이 밝혀졌다. 이는 행복이 단지 개인의 따뜻한 감정 상태에 머무르지 않고, 타인을 향한 공감과 실제적인 도움 행동으로 확장될 수 있음을 시사한다.

> 행복감은 직접적으로 영향을 미칠 뿐만 아니라
> 정서적 공감을 높임으로써 간접적으로
> 도움 행동을 촉진하는 것이 밝혀졌다.

이는 행복이 단지 개인의 따뜻한 감정 상태에 머무르지 않고,
타인을 향한 공감과 실제적인 도움 행동으로
확장될 수 있음을 시사한다.

KOREA HAPPINESS REPORT 2025

Happiness in 2024

대한민국 행복지도 2025

3-4
행복한 사람은 혼자서도, 함께 있을 때도 잘 지낸다

이 장에서는 행복한 사람과 그렇지 않은 사람 간에 일상 활동에 차이가 있는지 알아보고 행복한 사람들일수록 혼자 있는 시간과 타인과 어울리는 시간을 균형 있게 활용하고 있는지 살펴보았다.

매년 3월 20일은 유엔(UN)에서 지정한 '세계 행복의 날'이다. 2025년 세계 행복의 날을 맞아 발간된 『세계행복보고서(world happiness report, WHR)』에 흥미로운 내용이 담겨 있었다(De Neve et al., 2025). 바로 '혼밥'에 관한 이야기다. 한국과 일본에서 혼자 식사하고 있는 비율이 점점 높아지고 있으며, 다른 사람들과 함께 식사할 때보다 혼자 식사할 때 행복감이 감소하는 경향이 나타났다는 것이다. 또 다른 조사에서는 행복한 지역과 행복하지 않은 지역에 거주하는 아동·청소년들의 여가 활동 시간을 분석했다(초록우산, 2024).

보고서에 따르면, 행복한 학생들은 그렇지 않은 학생들보다 타인과 함께 보내는 시간이 4분 더 길었고, 운동 및 신체활동 시간도 3분 더 많았다. 반면 미디어 시청 시간은 9분이 더 적은 것으로 나타났다. 이러한 조사 결과들은 일상 속 다양한 활동이 개인의 행복 수준과 밀접하게 관련되어 있음을 시사한다. 그렇다면 행복한 사람들은 어떤 활동을 더 많이 하고, 어떤 활동은 덜 하며 시간을 보낼까? 행복 수준에 따라 여가 활동이 어떻게 달라지는지 살펴보고자 했다.

> 한국과 일본에서 혼자 식사하고 있는 비율이 점점 높아지고 있으며, 다른 사람들과 함께 식사할 때보다 혼자 식사할 때 행복감이 감소하는 경향이 나타났다는 것이다.

표 3 일상 활동별 평균

활동	평균(단위: 점)
혼자 TV 시청 또는 스마트폰 사용	4.25
집에서 혼자 취미 활동(요리, 게임 등)	3.55
친구·연인·가족과 함께 시간 보내기	3.49
맛있는 음식 먹기	3.37
공상 또는 상상하기	3.36
사람들과 함께 어울리기	3.26
영화 감상	3.01
일 또는 공부	2.96
새로운 것을 배우며 자기계발	2.82
쇼핑	2.73
여행	2.58
미술관·전시회 관람	2.40
규칙적인 운동	2.36
음주	1.98
종교 활동	1.90

> 이는 다른 활동들에 비해 혼자 휴식을 취하거나 집에서 취미 활동을 하는 경우가 더 많다는 것을 보여준다.

2020년 4월부터 2024년 12월까지 카카오같이가치를 통해 수집된 17만 6,261명(총 응답 건수 19만 8,473건)의 자료를 분석했다. 참여자들에게는 총 15가지 활동이 제시됐으며(예: 나는 규칙적으로 운동을 한다, 나는 집에서 혼자 취미생활(요리, 게임 등)하며 시간을 보낸다), 각 항목에 대해 평소 일상 생활에서 얼마나 해당 활동을 하고 있는지를 5점 척도(1=전혀 아니다, 5=매우 그렇다) 상에 응답하도록 했다. 점수가 높을수록 해당 활동을 더 많이 하고 있음을 의미한다.

표3은 각 활동에 대한 평균 점수를 나타낸 것이다. 일상에서 가장 많이 하고 있는 활동은 '혼자 TV 시청 또는 스마트폰 사용(평균 4.25점)'으로 나타났으며, '집에서 혼자 취미 활동(요리, 게임 등)'이 평균 3.55점으로 그 뒤를 이었다. 반면 종교 활동(평균 1.90점)과 음주(평균 1.98점)는 전체 활동 가운데 가장 점수가 낮은 것으로 나타났다. 이는 다른 활동들에 비해 혼자 휴식을 취하거나 집에서 취미 활동을 하는 경우가 더 많다는 것을 보여준다.

15가지 활동을 살펴보면, 활동의 내용은 모두 다르지만 일부 활동 간의 공통된 요인이 존재함을 확인할 수 있다. 예를 들어, 사람들이 가장 많이 하는 활동인 '혼자 TV 시청 또는 스마트폰 사용'과 '집에서 혼자 취미 활동(요리, 게임 등)'은 주로 혼자 집에서 하는 여가 활동이라는 공통된 특징을 지닌다. 이처럼 유사한 속성을 기반으로 활동을 분류하기 위해 수집된 자료에 대해 요인 분석(factor analysis)을 수행했다.

요인 분석은 공통된 요인을 추출하여 변수들을 묶는 통계 기법으로, 이를 통해 네 가지 활동 유형이 도출됐다. 도출된 네 가지 활동 유형은 '혼자 집에서 여가 활동(혼자 TV 시청 또는 스마트폰 사용, 집에서 혼자 취미 활동(요리, 게임 등)', '대인관계 활동(사람들과 함께 어울리기, 친구·연인·가족과 함께 시간 보내기)', '자기계발 활동(새로운 것을 배우며 자기계발, 일 또는 공부, 규칙적인 운동)', 그리고 '소비 기반 여가 활동(여행, 미술관·전시회 관람, 쇼핑)'이었다. 음주, 종교 활동, 맛있는 음식 먹기는 어떤 활동 그룹에도 포함되지 않는 것으로 나타났다.

4개 활동 유형에 대한 평균을 살펴보면(그래프 39), 혼자 집에서 하는 여가 활동이 3.90점으로 가장 높게 나타났다. 그다음으로 대인관계 활동이 3.37점으로 뒤를 이었다. 상대적으로 자기계발 활동(평균 2.71점)과 소비 기반 여가 활동(2.66점)은 낮게 나타났다.

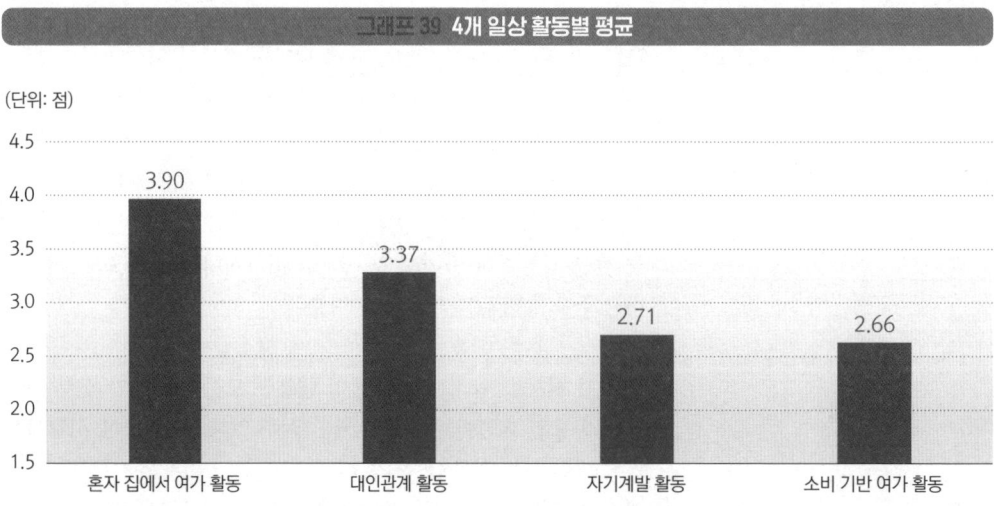

그래프 39 4개 일상 활동별 평균

이러한 결과는 모든 사람에게 동일하게 나타나는 것일까? 먼저, 성별에 따른 활동 평균을 살펴본 결과, 소비 기반 여가 활동(남녀 평균 차이 0.09점)과 대인관계 활동(남녀 평균 차이 0.08점)은 여성이 남성보다 더 많이 실천하고 있는 것으로 나타났다(그래프 40, 상단). 반면 자기계발 활동의 경우에는 남성(평균 2.84점)이 여성(평균 2.68점)보다 약 1.06배 더 높게 나타났다. 또한, 혼자 집에서 하는 여가 활동에서도 근소하지만 남성의 평균 점수가 여성보다 더 높게 나타났다(남녀 평균 차이 0.01점).

성별×연령대별 활동 평균

연령대별 활동 평균을 살펴보면, 모든 연령대에서 혼자 집에서 여가 활동이 가장 높게 나타났다(그래프 40, 하단). 다만 연령대가 높아질수록 해당 활동의 정도는 점차 감소하는 경향을 보였다. 특히 30대에서 40대로 넘어가며 혼자 집에서 하는 활동을 정도가 두드러지게 감소한 것으로 나타났다. 10대부터 30대까지는 혼자 집에서 하는 여가

모든 연령대에서 혼자 집에서 여가 활동이 가장 높게 나타났다

활동과 대인관계 활동 간의 격차가 크게 유지되다가 중년기에 접어들면서 두 활동 간의 차이가 점차 줄어드는 것을 확인할 수 있었다. 50대와 60대 이상에서는 혼자 집에서 하는 여가 활동과 대인관계 활동의 수준이 거의 비슷한 것으로 나타났다.

자기계발 활동의 경우, 연령대가 높아질수록 점진적으로 증가하는 것으로 나타났으며, 특히 50대 이후에 급격하게 상승했다. 이는 50대 이후 삶에서 개인적 성장과 노후 준비가 중요한 과제로 인식되고 있음을 시사한다.

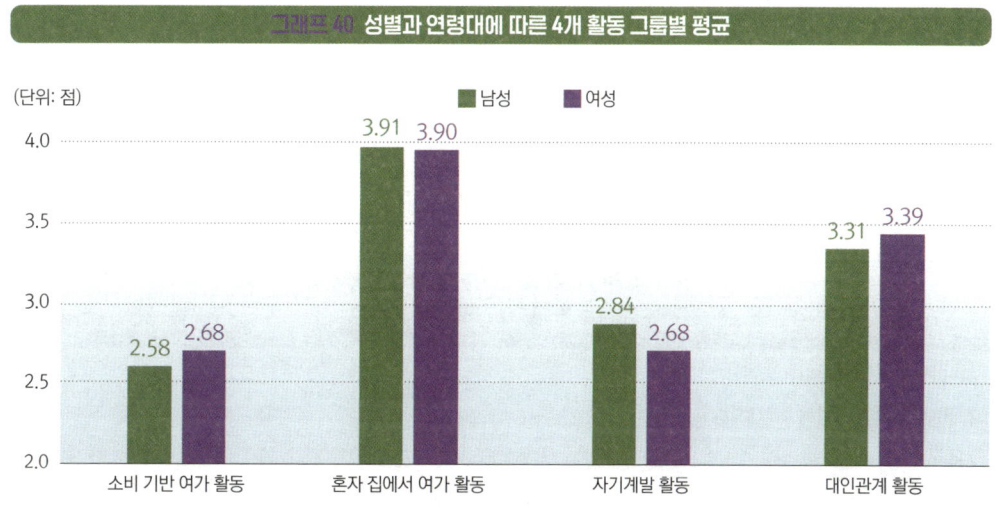

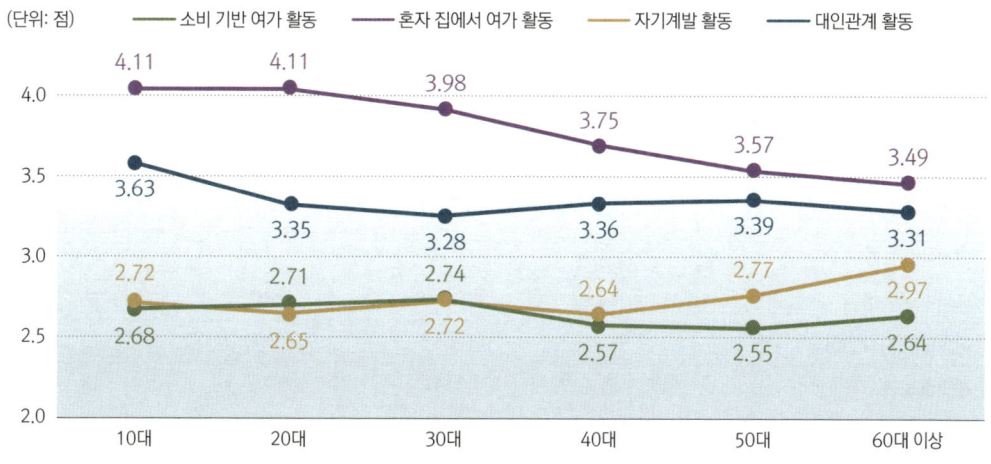

그래프 40 성별과 연령대에 따른 4개 활동 그룹별 평균

행복한 사람과 그렇지 않은 사람 간에 일상 활동에 차이가 있는지 살펴보았다(표4). 안녕지수가 높은 집단(+1표준편차), 평균인 집단, 그리고 안녕지수가 낮은 집단(-1표준편차)으로 구분하여 15개 개별 활동에 대한 평균 점수를 비교했다.

분석 결과 행복의 수준과 무관하게 '혼자 TV 시청 또는 스마트폰 사용' 활동의 평균 점수가 가장 높게 나타났다. 그러나 그다음으로 많이 하는 활동은 행복 수준에 따라 다소 차이가 있는 것이 발견됐다. 행복 수준이 높은 집단의 사람들은 타인과 함께 하는 활동들이 2위와 3위를 차지하는 것으로 나타났으며 평균 집단에서도 친밀한 관계의 사람들과 함께 시간을 보내는 활동이 2위를 기록했다. 반면 행복 수준이 낮은 사람들의 경우, 친구·연인·가족 등 친밀한 관계의 사람들과 함께 한다는 응답이 5위에 머무르며, 평균 이상의 행복을 경험하고 있는 사람들에 비해 상대적으로 낮게 나타났다.

행복한 사람 vs. 불행한 사람 활동 평균

표 4 행복한 사람 vs. 불행한 사람의 활동 순위

활동 구분	안녕지수 높은 집단	평균 집단	안녕지수 낮은 집단
혼자 TV 시청 또는 스마트폰 사용	1	1	1
친구·연인·가족과 함께 시간 보내기	2	2	5
사람들과 함께 어울리기	3	6	6
집에서 혼자 취미 활동(요리, 게임 등)	4	3	2
맛있는 음식 먹기	5	4	4
공상 또는 상상하기	6	5	3
새로운 것을 배우며 자기계발	7	9	10
일 또는 공부	8	8	8
영화 감상	9	7	7
여행	10	11	11
규칙적인 운동	11	13	14
쇼핑	12	10	9
미술관·전시회 관람	13	12	13
종교 활동	14	15	15
음주	15	14	12

> 행복한 사람들은
> 대인관계 활동과
> 혼자 집에서 보내는
> 여가 활동이 유사한
> 수준으로 모두 높게
> 나타났다.

또한 행복 수준이 낮은 집단에서 규칙적인 운동은 14위에 그쳤다. 이는 행복 수준이 평균인 집단(13위)과 행복 수준이 높은 집단(11위)에 비해 상대적으로 낮은 곳에 위치였다. 규칙적인 운동의 순위만 보면 집단 간 큰 차이가 없어 보이지만, 평균 점수를 비교하면 그 차이는 결코 적지 않다. 행복한 집단(평균 2.80점)은 평균(평균 2.35점)과 불행한 집단(평균 1.89점)에 비해 각각 1.19배, 1.48배 더 높게 나타났다.

행복 수준에 따라 네 가지 활동에 대한 평균을 비교한 결과(그래프 41), 혼자 집에서 하는 여가 활동을 제외하고 행복이 높아질수록 활동의 정도도 더 증가하는 경향이 나타났다. 보다 구체적으로 행복한 사람일수록 자기계발, 대인관계, 소비 기반 활동 등 사람들과 어울리거나 새로운 경험을 추구하는 활동을 하는 정도가 높아졌다. 이는 행복한 사람들이 더 많이 배우고, 나누고, 어울리려는 경향을 지니고 있음을 시사한다.

또한 행복한 사람들은 대인관계 활동과 혼자 집에서 보내는 여가 활동이 유사한 수준으로 모두 높게 나타났다. 이는 행복한 사람들일수록 혼자 있는 시간과 타인과 어울리는 시간을 균형 있게 활용하고 있음을 보여준다.

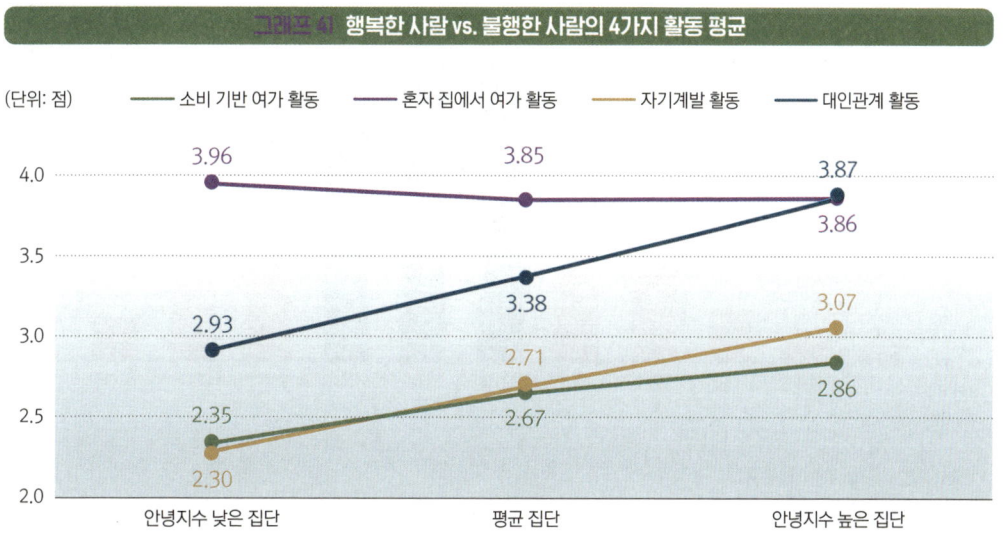

그래프 41 행복한 사람 vs. 불행한 사람의 4가지 활동 평균

부록
2024년 안녕지수 상세 정보

안녕지수 분포

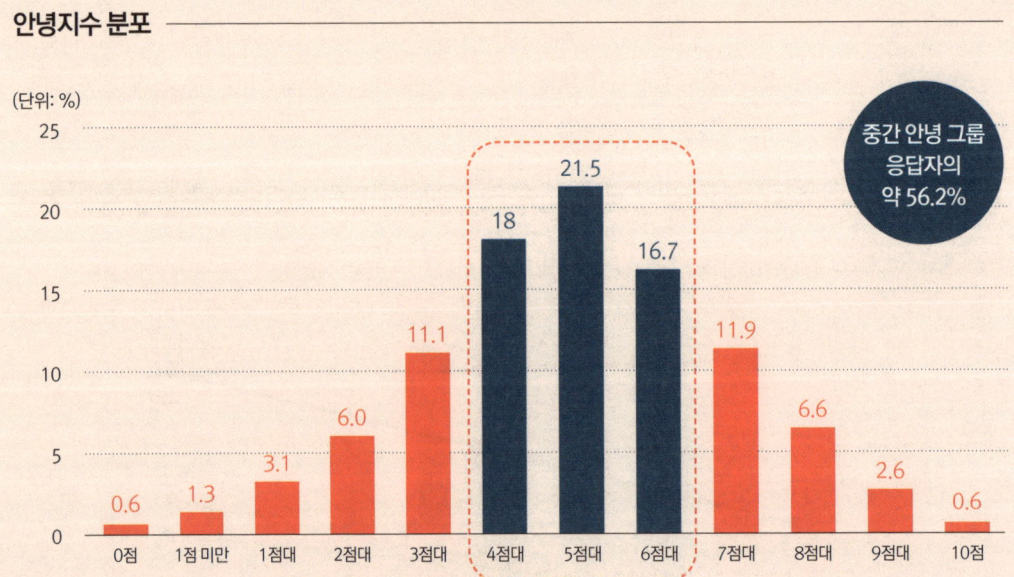

(단위: %)

구간	비율
0점	0.6
1점 미만	1.3
1점대	3.1
2점대	6.0
3점대	11.1
4점대	18
5점대	21.5
6점대	16.7
7점대	11.9
8점대	6.6
9점대	2.6
10점	0.6

중간 안녕 그룹 응답자의 약 56.2%

삶의 만족 분포

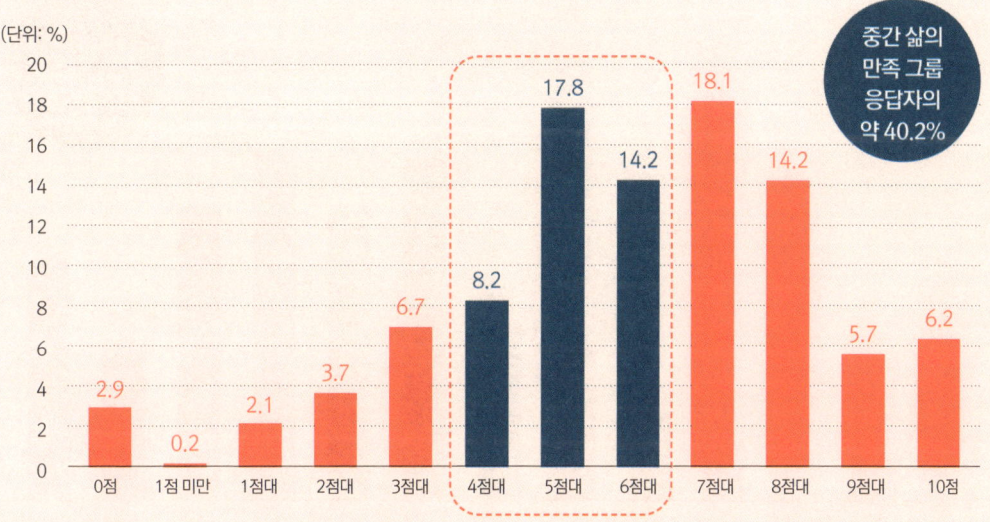

삶의 의미 분포

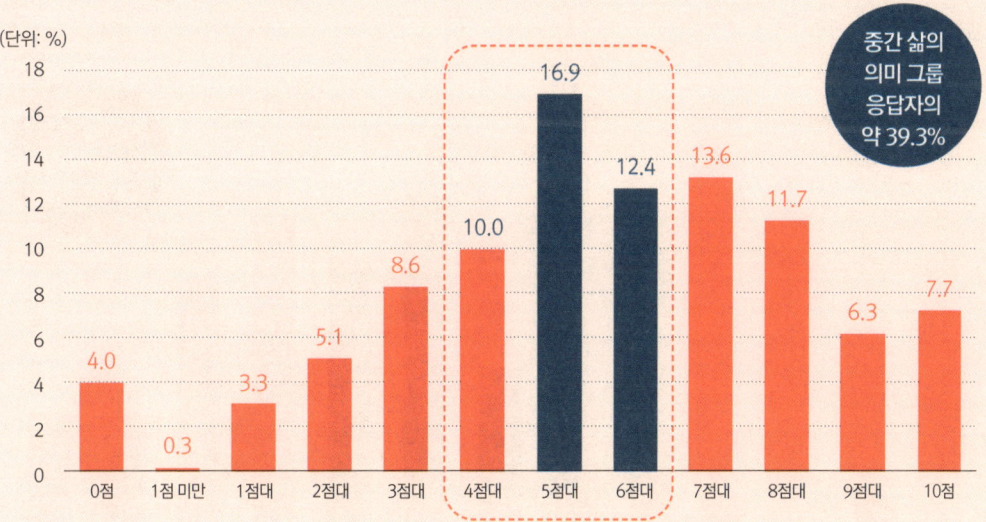

스트레스 분포

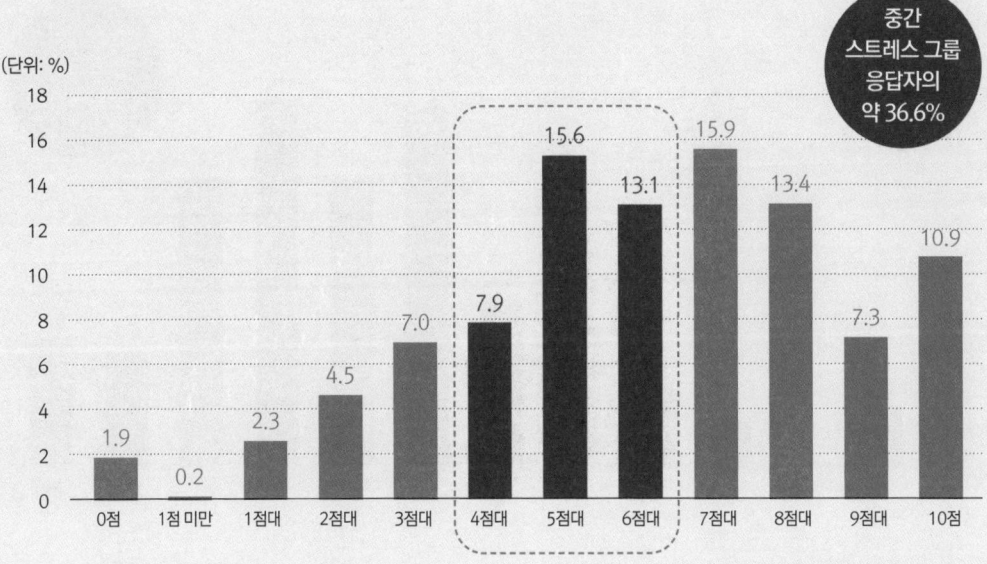

행복 분포

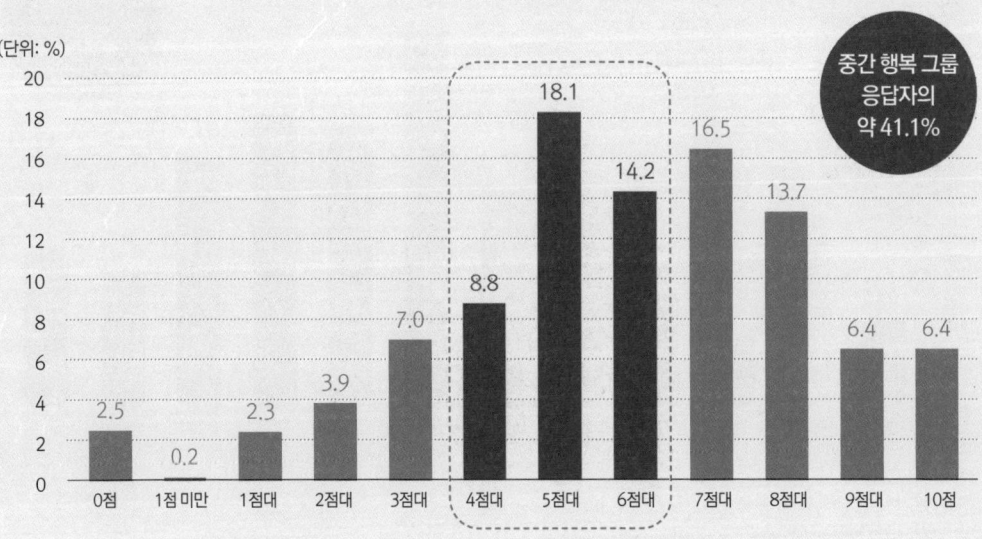

즐거움 분포

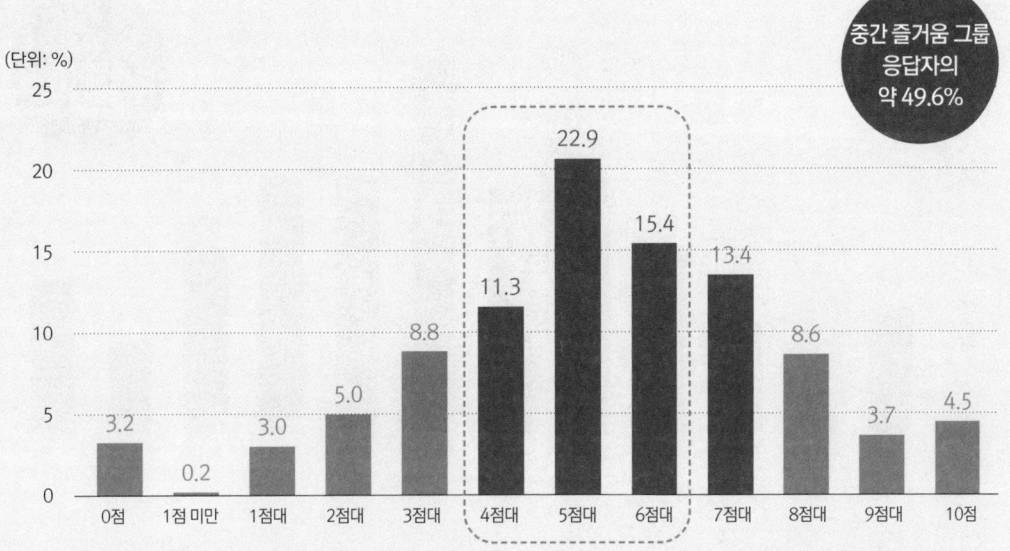

평안함 분포

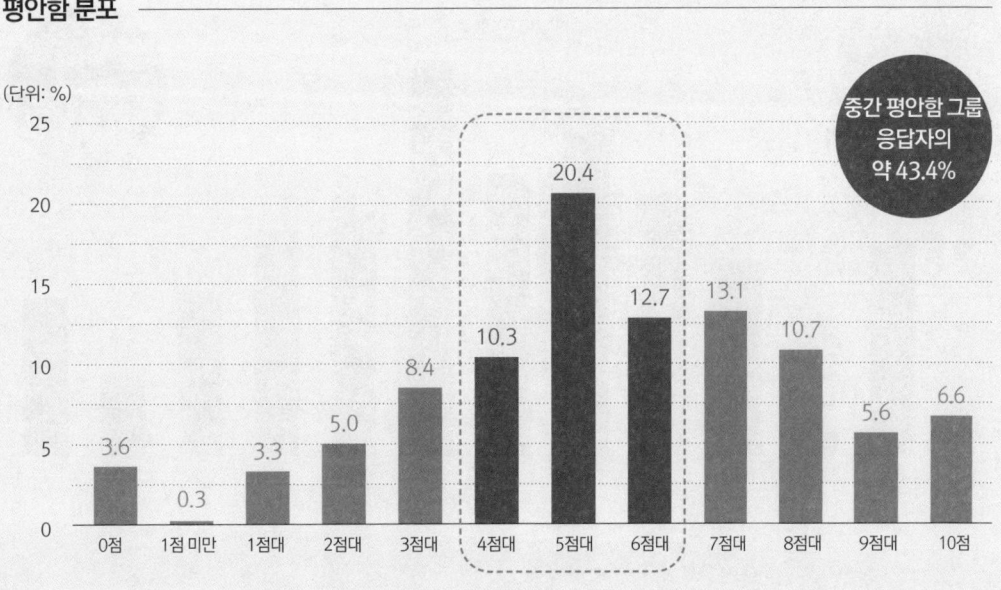

지루함 분포

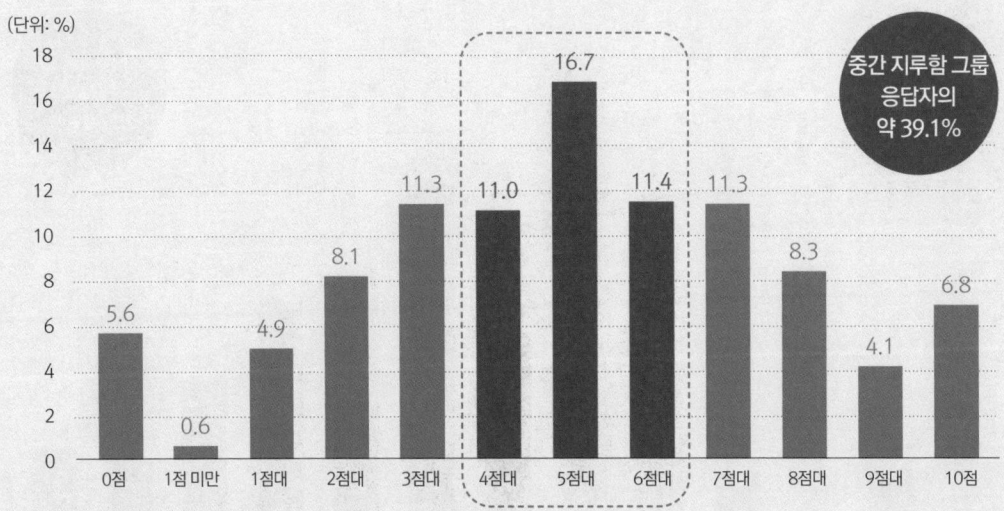

짜증 분포

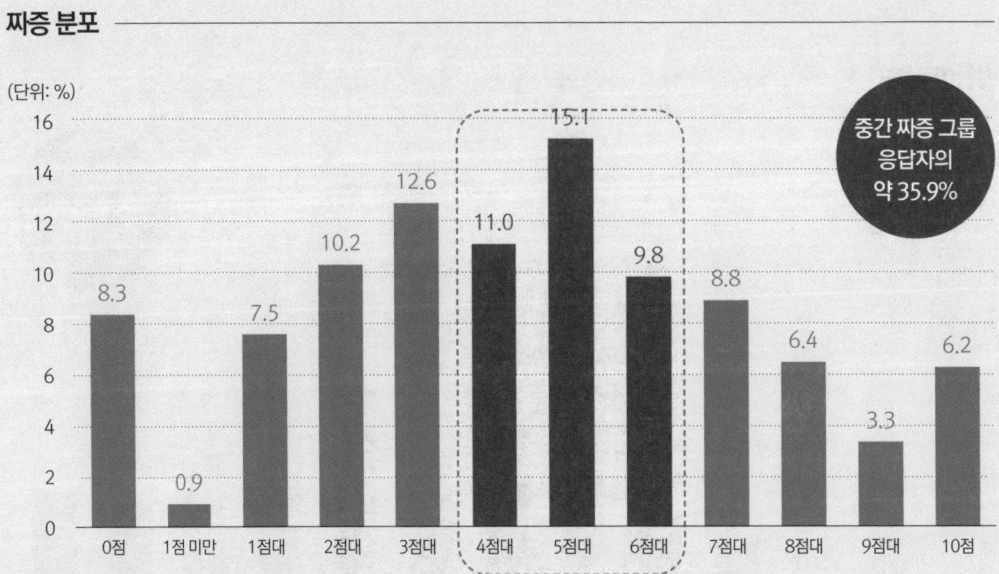

우울 분포

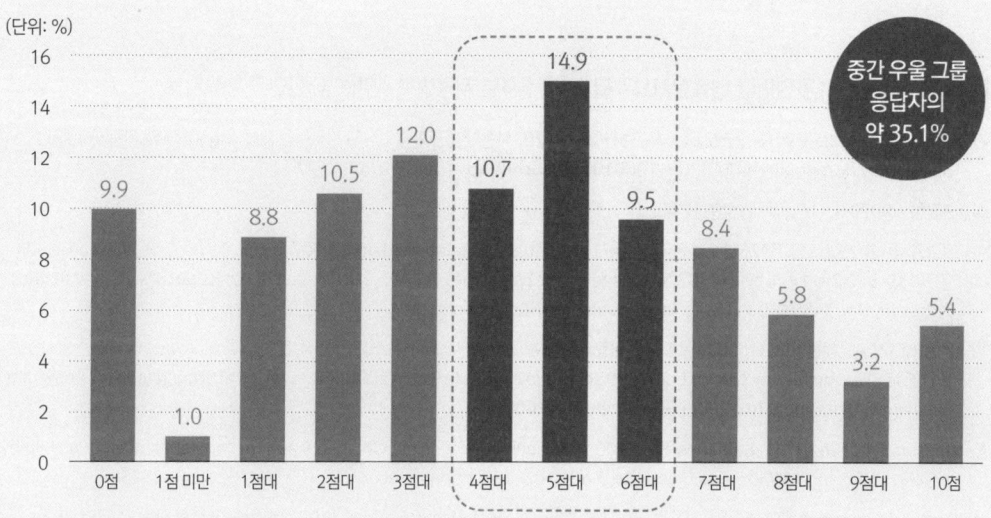

불안 분포

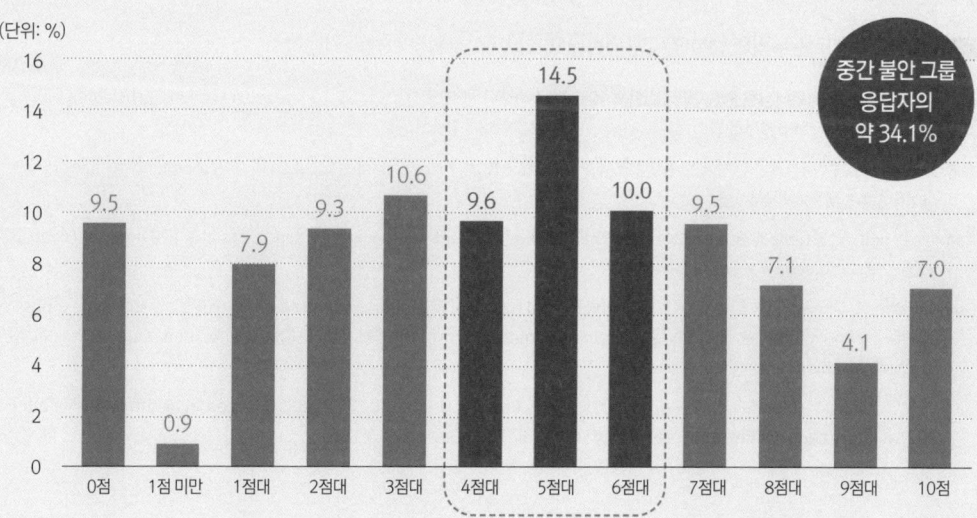

참고문헌

Part 01 당신은 지금 얼마나 행복한가요?: 날짜·연령·성별·지역별로 살펴본 대한민국 행복지도

건강보험심사평가원 보도자료. (2022.6.24.). 최근 5년(2017~2021년) 우울증과 불안장애 진료현황 분석. https://www.hira.or.kr/bbsDummy.do?pgmid=HIRAA020041000100&brdScnBltNo=4&brdBltNo=10627

질병관리청. (2023.8.31). 코로나19발생현황.

한국관광공사. (2025.2.25). 2025년 1월 한국관광통계 공표. https://datalab.visitkorea.or.kr/site/portal/ex/bbs/View.do?cbIdx=1603&cbIdx2=1127&bcIdx=308744&pageIndex=2&tgtTypeCd=CATE_CONT&searchKey=&searchKey1=&searchKey2=&searchKey3=SUB_CONT&tabFlag=N&subFlag=N&cateCont=spt01

한국은행. (2024). 경제전망보고서(2024년 11월). https://www.bok.or.kr/portal/bbs/P0002359/view.do?nttId=10088282&searchCnd=1&searchKwd=&depth2=200699&depth3=200066&depth=200066&pageUnit=10&pageIndex=1&programType=newsData&menuNo=200066&oldMenuNo=200066

Carstensen, L. L., Fung, H. H., & Charles, S. T. (2003). Socioemotional selectivity theory and the regulation of emotion in the second half of life. *Motivation and Emotion, 27*(2), 103-123. https://doi.org/10.1023/A:1024569803230

Helliwell, J. F., Layard, R., Sachs, J. D., De Neve, J.-E., Aknin, L. B., & Wang, S. (Eds.). (2024). World Happiness Report 2024. University of Oxford: Wellbeing Research Centre.

https://dportal.kdca.go.kr/pot/cv/trend/dmstc/selectMntrgSttus.do

Ryan, R. M., & Deci, E. L. (2001). On happiness and human potentials: A review of research on hedonic and eudaimonic well-being. *Annual Review of Psychology, 52*, 141-166. https://doi.org/10.1146/annurev.psych.52.1.141

Ryan, R. M., Bernstein, J. H., & Warren Brown, K. (2010). Weekends, work, and well-being: Psychological need satisfactions and day of the week effects on mood, vitality, and physical symptoms. *Journal of Social and Clinical Psychology, 29*(1), 95-122. https://doi.org/10.1521/jscp.2010.29.1.95

Part 02 빅 이벤트는 우리의 행복에 어떤 영향을 미쳤을까?: 사회적 사건과 안녕지수

김미경 (2023, 12, 13). 의대정원 증원 여파? 수험생 40% "재수하겠다". https://www.doctorsnews.co.kr/news/articleView.html?idxno=152586에서 인출

배종찬 (2024, 12, 9). 비상계엄·탄핵국면의 한국 경제 3대 포인트. https://www.businesspost.co.kr/BP?command=article_view&num=375869에서 인출

Aparicio Fenoll, A., & González, L. (2021). Political instability and birth outcomes: Evidence from the 1981 military coup in Spain. *Health Economics, 30*(2), 328-341.

Nay Nay Win, S., Zheng, Z., & Chen, Y. (2022). The mental health of Myanmar undergraduates in 2022 in the context of COVID-19 and military coups: Evidence from Myanmar version of the SCL-90-R. Zhang and Chen, *Youguo, The Mental Health Of Myanmar Undergraduates in*.

Saw, H. W., Owens, V., Morales, S. A., Rodriguez, N., Kern, C., & Bach, R. L. (2023). Population mental health in Burma after 2021 military coup: Online non-probability survey. *BJPsych Open, 9*(5), e156.

Part 03 2024년 한국인의 속마음: 빅데이터로 찾아낸 대한민국의 숨은 마음들

「사회통합실태조사」. (2024). 2024년 사회통합실태조사(국가승인통계 공표용 보고서). https://www.kipa.re.kr/site/kipa/research/selectReList.do?seSubCode=BIZ017A001에서 인출

초록우산 (2024). 2024아동행복지수 생활시간조사 결과. https://www.childfund.or.kr/STH2/upload/file/contentsTheSis/2024/12/24/UcIMQYEMQM_20241224090639.pdf에서 인출

최인철, 최종안, 최은수, 이성하, 김남희, 이서진, 이민하, 권유리 (2019). 『About:H 대한민국 행복 리포트2019』. 21세기북스.

호규현, 심승범, & 조재희. (2023). 정말 MZ 세대 직원은 까다로운 개인주의자일까?: 미디어에서 묘사된 MZ 세대 조직원 특징에 대한 당사자의 주관적 인식연구. 한국언론학보, 67(1), 272-315.

Adler, N. E., Epel, E. S., Castellazzo, G., & Ickovics, J. R. (2000). Relationship of subjective and objective social status with psychological and physiological functioning: Preliminary data in healthy, White women. *Health psychology, 19*(6), 586-592.

Carstensen, L. L., & Lang, F. R. (1996). Future time perspective scale. Unpublished manuscript, Stanford University.

Chapman, B. P., Duberstein, P. R., Sörensen, S., & Lyness, J. M. (2007). Gender differences in Five Factor Model personality traits in an elderly cohort. *Personality and individual differences, 43*(6), 1594-1603.

De Neve, J.-E., Dugan, A., Kaats, M., & Prati, A. (2025). Sharing meals with others: How sharing meals supports happiness and social connections. In J. F. Helliwell, R. Layard, J. D. Sachs, J.-E. De Neve, L. B. Aknin, & S. Wang (Eds.), *World Happiness Report 2025* (Chapter 3). Wellbeing Research Centre, University of Oxford.

Diener, E., Diener, M., & Diener, C. (1995). Factors predicting the subjective well-being of nations. *Journal of Personality and Social Psychology, 69*(5), 851-864.

Donnellan, M. B., & Lucas, R. E. (2008). Age differences in the Big Five across the life span: evidence from two national samples. *Psychology and aging, 23*(3), 558-566.

Germani, A., Delvecchio, E., Li, J. B., Lis, A., Nartova-Bochaver, S. K., Vazsonyi, A. T., & Mazzeschi, C. (2021). The link between individualism–collectivism and life satisfaction among emerging adults from four countries. *Applied Psychology: Health and Well-Being, 13*(2), 437-453.

Goodwin, R. D., & Gotlib, I. H. (2004). Gender differences in depression: the role of personality factors. Psychiatry research, 126(2), 135-142.

Gutiérrez, J. L. G., Jiménez, B. M., Hernández, E. G., & Pcn, C. (2005). Personality and subjective well-being: Big five correlates and demographic variables. *Personality and individual differences, 38*(7), 1561-1569.

Hayes, N., & Joseph, S. (2003). Big 5 correlates of three measures of subjective well-being. *Personality and Individual differences, 34*(4), 723-727.

Hofstede, G. (1980). *Culture's Consequences: International Differences in Work-Related Values*. Beverly Hills, CA: Sage.

Hofstede, G., Hofstede, G. J., & Minkov, M. (2010). *Cultures and Organizations: Software of the Mind*. Revised and Expanded Third Edition. New York: McGraw Hill.

Judge, T. A., Livingston, B. A., & Hurst, C. (2012). Do nice guys—and gals—really finish last? The joint effects of sex and agreeableness on income. *Journal of Personality and Social Psychology, 102*(2), 390-407.

Kahana, E., Kahana, B., & Lee, J. E. (2014). Proactive Approaches to Successful Aging: One Clear Path through the Forest. *Gerontology, 60*(5), 466-474.

Kim, H., & Markus, H. R. (1999). Deviance or uniqueness, harmony or conformity? A cultural analysis. *Journal of Personality and Social Psychology, 77*(4), 785-800.

Kim, K. R., Kang, J.-S., & Yun, S. (2012). Moral Intuitions and Political Orientation: Similarities and Differences between South Korea and the United States. *Psychological Reports, 111*(1), 173-185.

Lynn, R., & Martin, T. (1997). Gender differences in extraversion, neuroticism, and psychoticism in 37 nations. *The Journal of Social Psychology, 137*(3), 369-373.

Markus, H. R., & Kitayama, S. (1991). Culture and the self: Implications for cognition, emotion, and motivation. *Psychological Review, 98*(2), 224-253.

Markus, H. R., & Kitayama, S. (2003). Models of agency: Sociocultural diversity in the construction of action. In V. Murphy-Berman & J. J. Berman (Eds.), *Cross-cultural differences in perspectives on the self* (pp. 18-74). University of Nebraska Press.

McCrae, R. R., Costa, P. T., de Lima, M. P., Simões, A., Ostendorf, F., Angleitner, A., ... & Piedmont, R. L. (1999). Age differences in personality across the adult life span: Parallels in five cultures. *Developmental psychology, 35*(2), 466-477.

Na, J., McDonough, I. M., Chan, M. Y., & Park, D. C. (2016). Social-class differences in consumer choices: Working-class individuals are more sensitive to choices of others than middle-class individuals. *Personality and Social Psychology Bulletin, 42*(4), 430-443.

Ogihara, Y., & Uchida, Y. (2014). Does individualism bring happiness? Negative effects of individualism on interpersonal relationships and happiness. *Frontiers in Psychology, 5*(135), 1-8.

Santos, H. C., Varnum, M. E. W., & Grossmann, I. (2017). Global Increases in Individualism. *Psychological Science, 28*(9), 1228-1239.

Savani, K., Markus, H. R., Naidu, N. V. R., Kumar, S., & Berlia, N. (2010). What counts as a choice? US Americans are more likely than Indians to construe actions as choices. *Psychological Science, 21*(3), 391-398.

Schwaba, T., Denissen, J. J., Luhmann, M., Hopwood, C. J., & Bleidorn, W. (2023). Subjective experiences of life events match individual differences in personality development. *Journal of Personality and Social Psychology, 125*(5), 1136-1156.

Schwaba, T., Robins, R. W., Grijalva, E., & Bleidorn, W. (2019). Does openness to experience matter in love and work? Domain, facet, and developmental evidence from a 24-year longitudinal study. *Journal of personality, 87*(5), 1074-1092.

Steele, L. G., & Lynch, S. M. (2013). The pursuit of happiness in China: Individualism, collectivism, and subjective well-being during China's economic and social transformation. *Social Indicators Research, 114*, 441-451.

Suh, E. M., & Oishi, S. (2002). Subjective well-being across cultures. *Online Readings in Psychology and Culture, 10*(1), 1-11.

Triandis, H. C. (1995). *Individualism and Collectivism*. Boulder, CO: Westview Press.

Triandis, H. C., & Gelfand, M. J. (1998). Converging measurement of horizontal and vertical individualism and collectivism. *Journal of Personality and Social Psychology, 74*(1),118-128.

Vandello, J. A., & Cohen, D. (1999). Patterns of individualism and collectivism across the United States. *Journal of Personality and Social Psychology, 77*(2), 279-292

Veenhoven, R. (1999). Quality-of-life in individualistic society. *Social Indicators Research, 48*, 159-188.

Yilmaz, O., Harma, M., Bahçekapili, H. G., & Cesur, S. (2016). Validation of the Moral Foundations Questionnaire in Turkey and its relation to cultural schemas of individualism and collectivism. *Personality and Individual Differences, 99*, 149-154.

Zacher, H., & Frese, M. (2009). Remaining Time and Opportunities at Work: Relationships between Age, Work Characteristics, and Occupational Future Time Perspective. *Psychology and Aging, 24*(2), 487-493.

Zhang, Y., & Li, S. (2015). Two Measures for Cross-Cultural Research on Morality: Comparison and Revision. *Psychological Reports, 117*(1), 144-166.

KI신서 13570
서울대 행복연구센터의 행복 리포트
대한민국 행복지도 2025

1판 1쇄 인쇄 2025년 5월 8일
1판 1쇄 발행 2025년 5월 22일

지은이 서울대학교 행복연구센터
펴낸이 김영곤
펴낸곳 ㈜북이십일 21세기북스

인문기획팀장 양으녕 **인문기획팀** 이지연 서진교 김주현 이정미
마케팅팀 남정한 나은경 한경화 권채영 최유성 전연우
영업팀 한충희 장철용 강경남 황성진 김도연
제작팀 이영민 권경민

출판등록 2000년 5월 6일 제406-2003-061호
주소 (10881) 경기도 파주시 회동길 201(문발동)
대표전화 031-955-2100 **팩스** 031-955-2151 **이메일** book21@book21.co.kr

ⓒ 서울대학교 행복연구센터, 2025
ISBN 979-11-7357-280-7 13320
ISSN 2800-0331

㈜북이십일 경계를 허무는 콘텐츠 리더

21세기북스 채널에서 도서 정보와 다양한 영상자료, 이벤트를 만나세요!
페이스북 facebook.com/jiinpill21 **포스트** post.naver.com/21c_editors **유튜브** youtube.com/book21pub
인스타그램 instagram.com/jiinpill21 **홈페이지** www.book21.com

당신의 일상을 빛내줄 탐나는 탐구 생활 〈탐탐〉
21세기북스 채널에서 취미생활자들을 위한 유익한 정보를 만나보세요!

- 책값은 뒤표지에 있습니다.
- 이 책 내용의 일부 또는 전부를 재사용하려면 반드시 ㈜북이십일의 동의를 얻어야 합니다.
- 잘못 만들어진 책은 구입하신 서점에서 교환해드립니다.

서울대학교 행복연구센터 × 카카오같이가치

세계 최초, 최대 규모의 '행복 연구 프로젝트'
대한민국 365일의 행복을 낱낱이 분석한 인포그래픽 매거진

《대한민국 행복지도》 시리즈

한국인의 실시간 행복을 측정하는 유일한 조사

2017년 9월, 서울대학교 행복연구센터는 카카오와 함께 '대한민국 안녕지수 프로젝트'를 시작했습니다. '안녕지수'는 대한민국 사람들이 '지금 이 순간의 행복'을 측정하는 지수로, 기존에 없던 새로운 방식의 행복 측정치다. 지금까지 수백만 명이 자발적으로 이 프로젝트에 참여했으며, 300만 건 이상의 누적 데이터가 축적되었다. 이처럼 많은 사람들이 참여한 심리 연구는 세계 최초의 사례이며, 규모 면에서도 세계 최대를 기록하고 있다.

객관적인 삶의 조건도 중요하지만, 그에 반응하는 우리의 마음 역시 중요하다. 이는 객관적인 경제 지표만큼 소비자가 실제로 느끼는 '체감 경기'가 중요하고, 물리적인 온도만큼 '체감 온도'가 중요한 것과 같다. 그동안 우리는 객관적인 삶의 여건만을 집중적으로 측정해왔다. 이제는 우리의 마음, 우리의 행복을 '안녕지수'라는 이름으로 측정하고자 한다.

행복을 어떻게 측정할 수 있을까?

서울대학교 행복연구센터는 카카오같이가치팀과 협력해 2017년 9월부터 지금까지 한국인의 행복을 실시간으로 측정해오고 있다. 서울대학교 행복연구센터가 개발한 '안녕지수'는 카카오같이가치의 '마음날씨' 플랫폼(together.kakao.com/hello)에 탑재되어 있으며, 이용자들은 언제든지 자유롭게 참여할 수 있다. 무언가를 측정한다는 것은 우리 사회가 그것을 중요하게 생각하고 있음을 의미한다. 동시에 앞으로 더 중요하게 간주하겠다는 의지의 표현이기도 하다. '안녕지수'는 이 두 가지 의미에 잘 부합한다.

안녕지수는 "당신은 지금 얼마나 행복합니까?"라고 묻는다. 안녕지수는 평균적인 행복이 아니라 '지금 이 순간'에 느끼고 있는 만족감, 의미, 스트레스를 측정하는 것을 목표로 한다. 안녕지수의 특별함은 단순히 응답자가 많다는 데 있지 않다. 안녕지수는 카카오같이가치 마음날씨의 온라인 플랫폼을 활용하고 있기 때문에 사람들이 원하는 시간과 장소에서, 하루에도 몇 번이고 자신의 마음 상태를 실시간으로 자유롭게 측정할 수 있다는 강점이 있다.

안녕지수가 우리에게 가르쳐줄 수 있는 것들

유엔의 「세계행복보고서」를 비롯한 기존의 행복 측정 지표들은 중요한 한계를 지닌다. 바로 '실시간으로 안녕을 측정하지 못한다'는 점이다. 유엔 세계행복지수는 일 년에 단 한 번만 측정되기 때문에, 매일의 삶에 반응하는 우리의 마음 변화를 민감하게 포착할 수 없다.

《대한민국 행복지도》 시리즈는 대한민국 365일의 행복 데이터를 항목별로 낱낱이 보여주는 인포그래픽 매거진으로 2025년까지 총 7권이 출간됐다. 실시간 행복 데이터를 바탕으로, 사회적으로 중요한 사건이 발생했을 때 사람들의 행복이 어떻게 달라지는지, 계절·요일·시간에 따라 우리의 마음이 어떤 변화를 겪는지를 명확한 데이터로 정밀하게 파악할 수 있다. 이는 경제 지표나 정치·사회적 여론조사만으로는 결코 알 수 없는, 대한민국 국민의 진짜 '행복 마음 지도'를 보여준다.

ABOUT H - 대한민국 행복지도 2019
대한민국 심리 보고서

1. 한국인의 성격 분석
2. 자존감이 행복을 가져다줄까?
3. 행복을 꿈꾼다면 물질주의를 버려야 할까?
4. 감사가 행복에 미치는 영향
5. 한국인들은 얼마나 서로를 비교하며 살고 있을까?
6. 사회적 지지와 행복의 관계

대한민국 행복지도 2020
300만 건의 빅데이터로 찾은 행복의 팩트풀니스
'나는 행복하다'라고 응답한 사람들의 심리적 특징

1. 스스로를 높은 계층이라 여긴다
2. 행복이 유전적 운명이라고 여기지 않는다
3. 바쁜 삶을 선호하지만 마음속 여유가 있다
4. 타인에 대한 신뢰도가 높다
5. 완벽을 추구하기보다는 적당한 선에서 만족을 느낀다

대한민국 행복지도 2021 - 코로나19 특집호 1
연령, 성, 지역, 성격, 계층별 행복 감소 분석
코로나19로 밝혀낸 우리 사회의 비밀

1. 코로나19 동안의 행복 변화 궤적
2. 연령, 성, 지역, 성격, 계층별 심리적 파장 분석
3. 회복탄력성이 높은 사람들의 대처 전략 특성
4. 사회적 거리두기 시행과 행복 추이 변화
5. 입국 금지의 심리학
6. 감염병과 문화의 상호작용

대한민국 행복지도 2022 - 코로나19 특집호 2
코로나19 2년 차 한국의 행복 키워드 '회복과 적응'
외로움, 유머, 정서 섭식 등 심리 정서와 행복의 관계

1 코로나19 기간 우리는 더 외로웠을까?
2 유머 감각이 뛰어난 사람들이 더 행복할까?
3 나쁜 감정 해소를 위해 먹는 행위는 행복에 도움이 될까?
4 백신 접종 순서에 따른 심리 차이는?
5 코로나19 상황에서 우리는 어떤 리더십을 선호할까?
6 백신 접종을 두려워하는 사람의 특징은?

대한민국 행복지도 2023
불안정한 사회는 행복에 어떤 영향을 주는가?
회복, 소비, 경쟁, 공감 등의 키워드로 본 경제와 행복의 관계

1 그릿은 행복에 도움이 될까?
2 어떤 소비를 해야 행복해질까?
3 우연과 행복의 상관관계
4 행복한 사람은 일상생활이 다르다?
5 경쟁심은 정말 행복의 적일까?
6 나르시시즘은 왜 행복에 해로울까?
7 부자는 공감 능력이 떨어진다는 통념은 사실일까?
8 가족이 행복의 요새가 될 수 있을까?

대한민국 행복지도 2024
마침내 맞이한 엔데믹, 우리의 마음도 회복됐을까?
자존감, 감사, 개인주의 등 심리특성과 행복의 관계

1 일상과 함께 되찾은 행복
2 행복지수가 유일하게 낮은 10대, 그 이유는?
3 행복 빈곤층의 증가와 행복 양극화
4 덜 행복한 어린이날의 이유
5 묻지마 범죄와 불안 고조
6 서울 시민의 월요병을 물리친 한국시리즈 야구 우승
7 한국인의 50%가 느끼는 과도한 스트레스의 원인